小女孩的故事

女人啟示錄

序

每個女人，心中住著一個小女孩。
不論她是十八，或是八十。

小女孩的一生，
離鄉望，回鄉愁。
離鄉的時候，希望似火，那麼燦爛。
回鄉的時候才了然，歲月無情，失望如煙。

而她的人生，
七處點火，八處冒煙。

她的一生，不過就只有個很平凡的希望，
得一心人，白頭偕老，
組一個快樂的家庭，
穩穩定定的過日子。

雖然是很平凡的願望，
她說她，會很努力。

即使總是得到冰冷的拒絕，無情的挫折，
胭脂摻風雨，目屎看攏無，
她用盡一生，是為了好好去愛，
愛那人，

愛家庭，
愛日子。

如果這樣還太多，
沒有穩定的日子，
也要有快樂的家庭，
作一對交頸鴛鴦，翩翩頡頏。

如果希望泯滅，
沒有穩定的日子，
沒有快樂的家庭，
那她祈求又祈求，
君心似我心，不負相思意。

如果連這樣也不可得，
她僅僅期許一次傾心的相遇。

她這一生，平凡地期望著，
她相信有一天，
天公會疼惜伊。

哪裡知道，
希望沒有燃燒，
惆悵卻似煙灰，
落不盡，撣不完。

夕陽西下，回首已白頭。

小女孩千山萬水，不勝淒涼，
問，千瘡百孔的人生，
值嗎？

每個女人，心中住著一個小女孩。
不論她是十八，或是八十。

目錄

快點長大

記得小時候，
每天盼望著長大，覺得日子無敵漫長，快要曬成乾。
快啊，快啊，快長大，
因為長大後的我，會變很厲害。

真的長大後，
沒想到，啊，
一江春水向東流，會流過頭。
而自己，也沒變厲害。

於是開始，懷念起童年，
大無畏的天真。

生命就是這麼詭譎，孩子拼命想要長大，大人反而眷戀起
童年。

孩子盼啊盼，盼望著不設限的未來。
大人憶啊憶，追憶著不回頭的青春。
相同的迫切，配戴不同的計時器，一個渴望快轉向前，一
個渴望倒轉後退。

當時，有好多好多夢想。
一個個，燦爛發亮。
以為長大，是夢想成真的通關密碼。
以為時間，是未來可以擁抱的關鍵。

那時候，好熱血，
什麼都信以為真。
最怕鬼故事，卻偏偏愛摀著耳朵聽。

長大後，好狼狽，
什麼都不能自己。
最愛Be myself，卻不時渺滄海之一粟。

長大之後發現，
童年的好，好在太傻太天真。
而那，是被允許的。

長大之後發現，
長大的痛，痛在太傻太天真。
而那，是要命的。

莫做陳阿嬌

你說，
女人啊，莫做陳阿嬌。

貴為一國之母，卻在後宮了盡一生。

想要拾回漢武帝的心，
千金求子，
萬金求賦。

千金求子，子不來。
妾來了，妾的小孩也來了。

寵幸不得，求蠱。
日日夜夜，針針扎扎，
刺妳們的心，咒妳們的命，
最好春風得意的妳們，
命命休。

結果，
寵妾仍在，妳后位被奪。
從此，
發落長門宮。

萬金求賦，得長門賦。
冷宮戚戚，妾心悽悽。
洋洋灑灑，字字血淚。

終於，武帝動容。

賦被賞，妳未被賞。
司馬相如紅了，妳后位未復。

阿嬌啊，本該是被金屋藏嬌的命，
爬得太高，所以跌得太重。

爬高的女人就跌得重嗎？
那不爬高呢？就會有幸福嗎？
不爬那麼高，就不會入冷宮？
不爬那麼高，就不會聞君有他心？
不爬那麼高，就不會悽悽慘慘戚戚？

女人啊，
不一定貴為一國之母，
男人卻可能像漢武帝，愛上衛子夫，和其她。

我們啊，
當然莫做陳阿嬌，
卻沒有辦法完全排除被打入冷宮的那一天。

畫重點

把人生攤開，
求學，工作，婚姻，
是三大主題。

通常，我們先努力把重點放在求學和工作。

進入婚姻才發現，
參加過演講比賽沒有用，
當過班長沒有用，
第一名沒有用，
模範生沒有用，
作業A＋也派不上用途，
學歷光環也只能裝飾，
工作經驗不過就是參考，
年終薪水也沒啥干係，

她念書念得比妳差，
嫁得比妳好；
她學生時候沒有妳出鋒頭，
嫁得比妳好；
她參加的比賽沒有妳多，
嫁得比妳好；
她得到老師的青睞比妳少，
嫁得比妳好；

她的工作沒有妳穩定，

嫁得比妳好；
她的薪水沒有妳高，
嫁得比妳好；
她的處事能力沒有妳好，
嫁得比妳好；
她的責任心沒有妳強，
嫁得比妳好；

她們過去，沒有一項比妳優秀，
如今，卻都嫁得比妳好。

上半場的贏，不是贏，
下半場的輸，就是輸。

女人的婚姻，是下半場哪！

這時候妳才發現，
媽的！
我畫錯重點了！

喂喂喂

你說男人不該讓女人流淚，
又說，
我是你的花朵，會愛我一萬年。
發誓，
You will never break my heart.
透露最大的願望是，
As long as I love you.
分手的時候，
哭著說，
請我給你多一點點時間，多一點點問候。
甚至承諾，
你的愛一天比一天更熱烈，要給我多些再多些。

就算，
你不善表達，什麼也說不出口的人，
默默接送，只要我開口，
默默買了咖啡，只要我累了，
默默脫下外套，只要我冷了，
默默提起大包小包，當我買了東西，

默默啊默默，
你不善言詞，
但是你甘於守候。

啊，
不一樣不一樣不一樣，

現在的你不是惜字如金，
就是狗嘴裡吐不出象牙。
累了，要自己泡咖啡，
冷了，要自己穿外套。
買了東西，當然自己提。
唸你不貼心，鈍於守候，你跳腳反駁，
要我做什麼不講，是鬼才知道？
提東西跟守候有什麼關聯？妳現在是在魯哪一條？

啊，
不一樣不一樣不一樣，
你跟當初的你完全不一樣啊。
我花了時間，
我捨得金錢，
我砸下青春，
我欲哭無淚。

說的都沒有，
該有的都落空，
你跟詐騙集團有什麼兩樣？

喂喂喂，
當初認識的時候，
妳化妝畫眼線戴假睫毛，
還特別小心遮肉肉的穿搭，
看起來腿長腰細S型，
說什麼都要最完美地出現在我面前，
現在還割個雙眼皮，
打個肉毒，

再弄個蘋果肌，
說不定還墊了鼻子，
隆過乳，
抽去馬鞍，
削過骨，
不管如何，
就為了讓我賞心悅目。

就算妳走樸實路線，
是賢妻良母型的呢。
那麼溫柔，
還想辦法煮我愛吃的菜。

啊，
不一樣不一樣不一樣，

現在的妳力求簡單，
說化妝傷皮膚違反自然。
常常一套睡衣穿到地老天荒，
愛買衣服，出門卻好像都是那幾件。
在乎身材，怎麼看都是明天再說。
總說自己很忙，所以家裡沒空整理。
老說自己很累，外食方便又有變化。
才唸妳一下，細數我的不足像一千零一夜故事，
說要不是我不上心，誰願意這樣？

喂喂喂，
不一樣不一樣不一樣，
妳跟當初的妳完全不一樣啊。

我可也花了時間，
我可也捨得了金錢，
我可也砸下青春哪！
我啊，無語問蒼天。

妳說妳被騙，
我其實也是被矇！

喂喂喂，
公道點，
妳和我，
根本是老千對老千！

帥

記得當初差點失去你，
心快要撕裂，
那時候的我無法自拔地，
迷戀你的帥氣。

不說話的你，
帥，
說話的你，
也帥，
騎摩托車的你，
帥，
開車像呼吸一樣的你，
帥，
居然會煮飯的你，
帥，
運動也行，
帥，
帶點叛逆，
帥，
三不五時來點憂鬱，
帥，
偶爾老成的家事國事天下事，
帥，
和朋友談笑風生，
帥，
講到家人欲言又止好多故事，

真是心疼得帥爆了，

就算別人眼中你沒那麼帥，我就覺得你很帥啊。

啊，完全不敢想像要是沒有你，
我要怎麼活下去？

老天啊，
如果如果不論喜悲，
能繼續下去，
如果如果不管挫折，
能攜手同行，
如果如果，
我一定會非常謝謝祢。

直到今天，
知道了點現實，
嘗了點苦頭，
長了點智慧，

不得不驚醒，
嘖，

帥有什麼屁用？
最後還不是被卒吃掉？

逃

爸爸，又打了媽媽，
媽媽，又偏頭痛躺在床上，
哥哥，又名落孫山，
姊姊，又看走了眼，
弟弟，又被老師罰站，
我呢，又Monday Blue.

無薪假多了，
電話費來了，
網路線斷了，
暖氣壞了，
水電費漲了，
卡費聲聲催，
手機壞了，
洋蔥臭了，
蛋吃光了，
頭髮該剪了，
腰又酸了，
好久，沒運動了。

人生的瑣碎與無奈，就像抽取式衛生紙，拉一張，還來下
一張。
好不容易太平的時候，偏有人他媽的亂扯。

啊，諸事不順，
唉，百廢待舉。

小時候過年，
大伯二伯三伯大姑姑大姨二姨叔公嬸婆堂哥表哥小堂妹，
聚在一起，
哇，好不熱鬧，
紅包，火鍋，團圓飯，
廟宇，煙火，控窯樂，
那眾人的相聚，甘願的期待。

媽媽生病的時候，
哥哥手忙腳亂煮了湯，
姐姐帶我們上學還自己遲到，
爸爸還每天當起看護，
當時的齊心，家庭的溫柔。

那短暫的溫柔與歡聚，
讓我，
守住每日每日的搖搖欲墜，
看似堅強的。

那長期的不安與壓抑，
讓我，
心生某一天某一天的逃離，
即使隱微不可說的。

想要有一個完整而溫暖的家，
小女孩，妥協。

想要有一個完整而溫暖的家，
小女孩，逃離。

落水的人，死命都要抓根浮木，
因為保命。

逃離的人，飲鴆都能止渴，
因為那是眼前唯一的一杯水。

逃

資質

男人事業成功的時候，
兩輪換四輪，
Toyota 換Benz，
小房子換大房子，
假魚翅換真魚翅，
石英錶變勞力士，
LU包變LV包，
NIKK變NIKE，
籃球變小白球，
對父母的回饋，
絕對有增無減，
吃好的穿好的用好的，
對兄弟姐妹的協助，
更是多有耳聞，
能幫的，幫到底，
不能幫的，關懷到底。

男人事業有成的時候，
從Nobody變Somebody，
走路有風，
時間就是金錢，
跟他搭上一句話不是如沐春風，就是受益良多，

真是
一人得道，雞犬升天。

對這樣的孩子，
父母大聲地說，
望子成龍。
旁人頻頻稱是，
還豎起大拇指。

女兒上嫁成功的時候，
從兩輪改坐四輪，
從Toyota改開Benz，
從小房子住成大房子，
從經濟艙換到頭等艙，
從路邊攤到米其林，
從阿嬤鐵鍋到法國Staub，
從隨便吃到精緻食，
就算以上都沒有，
物質條件一旦比之前好，
對父母的回饋，
就有增無減，
能吃好的就吃好的，有條件穿好的就穿好的，能用好的當
然就用好的，
對兄弟姐妹的協助，
更是多有耳聞，
能幫的，想辦法幫到底，
不能幫的，想辦法關懷到底。

女人上嫁成功的時候，
從女兒變當家，
威儀萬千，
她的分析就是合理，

請她回一趟娘家不是蓬蓽生輝，就是人人受餽，

真是
一人得道，雞犬升天。

對這樣的孩子，
就算旁人指指點點，
還嗤之以鼻。
父母也要豎起大拇指，
望女成鳳有這樣的可能。

成龍成鳳當然是可遇不可求，
可是有機會的時候，
為什麼不栽培？

有這樣的資質，還不栽培？豈不是暴殄天物？
沒有這樣的資質，還不栽培？那簡直是暗無天日了。

爸爸

弟弟的男性友人，約莫20出頭，是一群玩咖。

不但年輕，家裡都有點來頭。小小年紀抽著雪茄，三五成群飆跑車，最常上高級夜店，打發時間。

每個都有女朋友，固定的，和非固定的。你以為他們遊戲人間，真不是東西。偏偏他們最常把找不到真愛掛在嘴邊，看起來是真心沒有著落的寂寞，原來壞胚子也有陽光的心情。

姐姐的男同事們，接近不惑之年，是一群捧著鐵飯碗的公務員。

不但努力，家庭也算健全。中年人偶爾抽抽菸，喜歡開車兜兜風，挺愛到卡拉OK小酌應酬，找點樂子。

每個不是有交往多年的女朋友，就是已婚。你認為他們忠心不貳，是新好男人。偏偏他們還是把應酬推不掉掛在嘴邊，看起來是人情不能不應付的單純，其實好男人也有黑夜的欲望。

找不到真愛的男人，和心有所屬的男人，都沒有避開同樣的慰藉。

別人的故事，我突然想起我爸爸。

爸爸啊爸爸，
你也會像他們一樣找女人嗎？
不論婚前或婚後？

爸爸啊爸爸，

你也會像他們一樣有一種失落？
不論已得或未得？

爸爸啊爸爸，
你也會像他們一樣有一種本能？
不管年紀也無關身分？

爸爸啊爸爸，
你除了是爸爸，也是個男人，
請你請你告訴我男人的真相，
因為如果連你都對我有所隱瞞，
那麼世界上哪個男人會對我坦承以待？

爸爸啊爸爸，
你除了是爸爸，也是個男人，
請你請你告訴我男人的種種，
因為如果連你都對我道貌岸然，
世界上哪個男人不會對我掩飾太平？

就算爸爸你是稀有動物，
你也要把這是個多樣物種的世界，說給我聽啊。

爸爸啊爸爸，
你要告訴我男人的真相，
我才有辦法做好心理準備，
最好挑好的，
要不湊合湊合，
而不是把真心都賭上之後，
發現事實而徹底崩潰。

爸爸啊爸爸，
告訴我真相，
我會成長，
請讓我在崩潰之前，有重生的機會。

爸爸啊爸爸，
告訴我真相，
我會調適，
請讓我在幻滅之前，有理智的空間。

年輕男孩，繼續尋找真愛，
中年男子，依舊上班下班。

爸爸．

含苞欲墜

我們雖然不學四書五經，但是從小就被耳提面命禮義廉恥的重要。所有的表現，都要有規矩。看到老師要敬禮，上課發言要舉手，見到垃圾要撿起，作業要準時交，聽課要勤筆記，就算有一點反骨，想耍一點叛逆，想到師長的諄諄教誨，想到父母的辛苦賺錢，就Be good。

從來沒有人告訴我們要怎麼Be myself，聽到的都是Be good。所以我們聽話，我們乖。

認真念書，記元素表、背單字、唸課文，算圓周率、量扇形角度。
幫忙家事，倒垃圾、洗碗筷、拖地板、摺衣服、切水果、點沉香。

好乖。是我們的責任。
好乖。是我們的榮耀。
好乖。是我們的緊箍咒。

眾人的意見，妳附和；社會的主流，妳跟從；父母的心願，妳完成。妳被制約成一個乖巧的女孩，談了戀愛，成了一個乖巧的女朋友。

一切照計畫，完全不出包。看起來，也很平順幸福。
Be good，父母是為妳好。

認識了男人，才開始慢慢知道這不是妳要的。

但是，Be good。
他情緒失控，
他行為失控，
他情感出軌，
他經濟危機，
他道德失守，
明知道不對，但是妳被乖巧制約。
明知道不對，但是妳被柔順制約。
明知道不對，但是妳被努力制約。
Be good，妳沒有拒絕，默默消化這不對勁的一切。

聽話服從，小家碧玉。
聽話服從，小裡小氣。

原來，妳害怕過了這個村，沒了這個店。
原來，妳以為付出就能得到幸福。
原來，妳的隨和，會造成別人的隨便。

妳用Be good面對男人，以為有一天就會收割。
才發現妳不明白自己，妳也不明白對方。
才發現妳不明白愛，愛也不明白妳。

錯過才領悟，媽媽啊媽媽，
妳應該要提醒我，
面對男人，Be good是權宜之計，
誘惑，才能得到所愛。

Be good，我迷失自己，
Be good，我不敢表現，

Be good，我畏於爭取，
Be good，我收起魅力。

我可能錯過我這輩子的幸福，
因為抗拒身為女人誘惑的魅力，
我，自廢武功。
在含苞待放的時候，
我，含苞欲墜。

市場，行情

市場裡，人聲鼎沸，好不忙碌。

草莓，一斤52.8元
鳳梨釋迦，一斤61.2元
聖女小番茄，一斤16.6元
進口櫻桃，一斤300.8元
香蕉，一斤48.5元
茂谷柑，一斤47.7元
進口奇異果，一斤74.3元
網室紅肉木瓜，一斤38.3元
世紀梨，一斤100.0元
珍珠芭樂，一斤13.9元
紅蓮霧，一斤71.7元
巨峰葡萄，一斤55.1元
網狀綠肉洋香瓜，一斤44.0元
甜柿，一斤48.0元

買的人頻問，甘有甜？
　　　　不甜不買！

賣的人自信道，夭壽甜！
　　　　不甜免錢！

看似，買賣自由。

買的人，要買自己喜歡吃的，家人喜歡吃的，新鮮的，營

養的，好吃的，漂亮的，
統統都確認之後，價錢就算不是第一考量，也會是最後一
道防線。

賣的人，賣得越多越好，賺得越多越好。
賣力沒有問題，聲嘶力竭也沒有問題，賞味期限之前，一
切都沒有問題。

說到底，買賣之間，還是各有條件。

你說，婚姻不是市場。
愛情自由，
愛情萬歲。

那你說要漂亮的、苗條的、25歲以下的、至少大學學歷
的，而妳要聰明的、有經濟能力的、健康的、至少170公分
以上的，難道不是條件？

在婚姻裡，我們只差沒有論斤論兩，
嫁娶之間，還是各有條件。

況且，娶的人，要娶自己喜歡的，家人喜歡的，新鮮的，
優良的，端正的，統統都要確認之後，經濟就算不是第一
考量，聘金也會是最後一道防線。

嫁的人，嫁得越高越好，嫁得越閒越好。
當煮飯婆沒有問題，照顧公婆也沒有問題，法院公證之
前，一切都沒有問題。

嫁娶之前，人聲鼎沸，好不忙碌。

所以，
別再說婚姻不是市場。
別再說嫁娶不論行情。

愛，越多越好

妳，監獄編號177，在愛情裡，用18年的有期徒刑，和2000多萬的賠償金，賭男人的真心。賭盤揭曉，妳全軍覆沒，在花樣年華的時候。
愛讓妳靈活，硝酸加上鹽酸，雖千萬人，吾往矣。
愛讓妳遲鈍，乾哥哥vs.乾妹妹，掛著羊頭，仍賣著狗肉。

妳，橄欖球明星的Ex，在婚姻裡，以離婚的結局，和遭謀殺的懸案，留下兩個年幼的孩子。情殺他殺？妳沒有回答，在正義沸騰的時候。
你說你，絕對，百分之百，無罪，
愛啊愛，到頭，百分之百，無幾。

愛，可以很多，
我們以為，越多越好。
越愛你，越證明我的心。
越濃烈，越證明我們的情。

所以我啊我，為了你，赴湯蹈火，在所不惜，
所以我啊我，為了妳，披荊斬棘，沒有猶豫。

為了證明我用五百年的塵緣，等待你一次花開，
為了證明我用千年的修行，換得妳今生共枕眠，
答答答答，
在時間的流裡，
答答答答，
我調配了王水，

答答答答，
我備齊了利刃，
答答答答，
我擦拭著槍把，

答，
答，
答，
答，
一灘水，
一刀下，
一聲響，

答，
答，
答，
答，
極快的慢動作，
我用一瞬間，封印了永恆。

那一瞬，我紅了眼睛。
以為我見證了愛情。
不，
殘餘人生，
剩下議論陪著我，
一場醒不過來的噩夢。

沒有人告訴我，
原來愛，

・愛，越多越好・

剛剛好就好。
沒有人告訴我，
原來愛，
要向家人坦承，隨時討論，
沒有人告訴我，
原來愛，行不通的時候，
無情立斬，
愛還會在。

答，
答，
答，
答，
殘餘人生，
愛不復愛，
而我，
已不是我。

Fatty Love

我有個美麗的靈魂，困在肥胖的身軀裡。

是的，我很愛吃。
Dark chocolate，香草冰淇淋，Cheese cake，牛肉漢堡，夏威夷Pizza，珍珠奶茶，紅豆牛奶雪花冰，腰果塔，馬卡龍，牛排，生魚片，滷味，雞排，小籠包，
都愛。
還有好多，在口袋名單裡。

心情好的時候，吃。
心情差的時候，吃。

看著別人的水蛇腰，
看著別人的修長美腿，
看著別人自信美麗，
看著別人男朋友把她捧在手掌心，
看著看著，我沒有的，
我知道問題出在I'm fatty。

想著想著，心情又Down。

每次提說我要減肥，
媽媽啊媽媽，
妳總說我這樣很好。
在妳眼中，我很美麗。
每次提說我要減肥，

爸爸啊爸爸，
你強調內在才最重要，
在你心裡，重視外表等於膚淺。
每次開始奮力運動，
哥哥啊哥哥，
你抱怨早起的我很吵。
在你的立場，減肥不應該影響你的睡眠。
每次好不容易下定決心，
姐姐啊姐姐，
妳大啃雞腿狂飲可樂，
撒嬌說，一個人獨享好無趣。

你們說，
不要矯枉過正！
問題是，我就是不正啊？還不矯？

你們的說詞，
或許是想安慰我，讓我好過。
讓我知道人生，除了身材，
還有其他的快樂。

媽媽姐姐啊，
妳們喜歡被注目還是視而不見？
妳們希望對身材自信還是自卑？
妳們有沒有穿著合身的洋裝？
妳們期不期望踩著美麗的高跟鞋？
妳們覺得男人是不是視覺動物？

不曾困擾妳的，

今天困擾了我，是妳的自私；
困擾妳的，
今天還在困擾我，是妳白活。

媽媽姐姐啊，
妳們的白色謊言，
帶來整個家庭的遲鈍，與冷漠。

爸爸哥哥啊，
難道你們不喜歡女人的水蛇腰？
難道你們不看女人的修長美腿？
難道你們不欣賞女人的自信美麗？

爸爸哥哥啊，
你們的對內正經，
帶來整個家庭的高調，與空泛。

我肥胖的身軀，不只住著一個美麗的靈魂，
還住著你們每一個人的自以為是。

終有一天，
如果我不是擁有一身不健康的苗條，
就是一身不健康的肥胖，
和，家人的愛。

• Fatty Love •

領先

週末時間，租了《Life of Pi》，買了一堆零食，大家各自選了最舒適的位置，
就定位，Play。
闔家歡樂的時間。

李安果然是一個講故事的高手。
有船難，有和Richard Parker亦敵亦友的微妙，有親情，有生存和生命的故事，很豐富。

看完，大家你一句我一句說起電影中鬣狗＝廚師、斑馬＝水手、猩猩＝母親、老虎＝Pi的隱喻涵義。誰也不認同誰，爭得面紅耳赤。

哈，我是不知道這一段真正的意思，不過這樣開扯淡，很好。這樣吃吃喝喝，很開心。

我們是一個平凡的家庭，大家平常各忙各的，最常聚在一起看電視看電影吃吃喝喝打打屁。

家人感情還不錯，很多事情都很有默契，連糖尿病都一起得，一起治療，一起吃藥。雖然生病很討厭，看醫生有點煩，不過既然都這樣了，也是沒辦法的事情啊，我們家還蠻樂觀的，還拿全家一起進廠維修這件事情開玩笑哩。

上上禮拜去看醫生，來個代班的。他年紀有點大，脾氣也有點大。竟然罵我爸爸媽媽虐童！說明明已經先天不良，

後天還失調！說爸爸媽媽再不以為意下去，再帶著我們一邊看電視一邊吃零食，不控制飲食、不規律運動，除了終生吃藥，有一天，我們還會一起失明、腎衰竭、心血管病變、肢端潰爛。

哇。原來全家人可以一起做的事情這麼多啊。
哇。原來全家人的命運可以這樣綁在一起啊。

不過我覺得醫生太誇張了。
他是專業耶。明明知道我們家是遺傳，遺傳就是沒有辦法控制的事情啊。如果我今天可以選擇一副健康的身軀，我也要啊。

況且關我爸爸媽媽虐童什麼事情啊？他們兩個很努力在賺錢養家，雖然沒有辦法帶我們到處去玩，休假的時候盡量有家人相處放鬆的時間，這樣叫虐童？

我們已經很努力在調養了，配合醫生，按時吃藥。醫生不鼓勵這種好病人還亂罵一通？是吃了點零食，不過都有吃藥耶我們。而且這樣的休閒很開心，心情好細胞開心不是對養病更有幫助？

今天，我突然喘不過氣、半昏迷，緊急送醫。
是糖尿病急性酮酸中毒。
我遙遙領先，比家人嚴重，
而我，還年輕。

再遲一步，
就沒命。

領先

那麼近的死亡，我想不起少年Pi的內容，想不起過去曾經的歡樂，想不起那些零食的味道，什麼都是糊的。

唯一清楚的，是你們一直以來的陪伴。

原來你們不是不怕，你們是過一天算一天。
原來你們不是不怕，因為口腹之慾大過天。
原來你們不是不怕，想說早死晚死反正有一天都會死。
原來你們不是不怕，因為人生嘛，海海。計較那麼多不會快樂啦。

唯一清楚的，在死神面前，我沒有重量。

爸爸媽媽啊，如果你們不能比我正視嚴重性，我會比你們還逃避。
爸爸媽媽啊，如果你們不能比我堅持，我會比你們還沒有毅力。
爸爸媽媽啊，如果你們不能比我嚴格，我會比你們對自己寬鬆。
爸爸媽媽啊，如果你們繼續模糊焦點，我會比你們更會找藉口。
爸爸媽媽啊，當然沒有人用槍抵著我逼我亂吃，但如果我是親手毀了我自己的劊子手，你們就是共犯。

謝謝你們讓我遙遙領先，
謝謝你們讓我領悟生命可貴。

我正式控訴，
你們，虐童。

有那麼難嗎

小女孩說，
我不過是想要有一個人一輩子好好愛我，有那麼難嗎？

是很難啊。

他還要愛他爸爸媽媽。
他還要愛他的車。
他還要愛他的魚。
他還要愛他的雪茄。
他還要愛他的旅行。
他還要愛他的漫畫和小說。
他還要愛他的兄弟。
有了小孩，
他啊，還要愛小孩耶。
一個，兩個，甚至三個。
還要愛賺錢。
愛顧健康。
愛運動。

這麼多要愛，分一分，還剩多少可以好好愛妳？
他又不是神，
分身乏術哎！
妳當然不滿意！

更何況，有時候妳也不可愛啊。
東西不收好，

小孩不顧好，
重要的文件亂放，
沒事愛講別人八卦，
為了初一回婆家還是娘家總要跟我嘔氣幾天，
亂買東西，
剩菜也不處理，
衣服不是洗得褪色就是縮水，
那麼多事情要做，還好意思一天到晚上網，
三不五時，會為了一根魚骨頭這種小事跟我反唇相譏，
莫名奇妙，還會把夫妻的隱私對外說，讓別人插手我們的
家務事，
唸妳一下，逮到機會，就開始大吐苦水，說我死人樣，怎
樣又怎樣。

唉。
他說他又不是神，實在沒辦法給妳無條件的愛。
而且神是專職，只要好好愛世人。

他是兼差，要管天管地管老婆管小孩，
看似三不管，
其實如果塌了，就所有人受凍。

要他一輩子好好愛妳，是不可能的。

不過他想了想，
對吼，
上帝，
佛祖，
媽祖，

耶穌，
觀世音，
阿拉，
都是神，

請來後堂，
愛世人都沒問題了，
好好愛妳，
小菜一碟！

．有那麼難嗎．

把關

家裡有一個櫥櫃，
裡頭擺了餅乾、飲料、糖果，
大家肚子餓的時候，會去那找東西吃，
大家嘴饞的時候，也會去那找東西吃。

桌上有一個水果盤，
上面有香蕉、橘子、蘋果、芭樂、香瓜。
通常香蕉和橘子銷最快，
因為不用削皮，剝皮就能吃。
其他如果媽媽沒有動手，
大家就不動口。

偶爾我們會喝珍珠奶茶，吃雞排，
大啖垃圾食物，
媽媽會說不行，
爸爸看到會罵，
不過媽媽會跟著偷吃就是了。

電視上面說垃圾食物高油高鹽高糖，會造成血管病變，影響腦部學習發展。建議少吃。
消保官日前抽樣珍珠粉圓，說裡頭含苯乙烯、苯乙酮、溴化物、防腐劑等，但是成分合格，請消費者安心，1950❶陪你打擊黑心。

---

❶消費者服務專線

衛生署食藥局前一陣子說香蕉柑橘農藥殘留超標，已經追查。建議先洗再刷切蒂頭。違規農藥農委會說八百年前就公告禁止使用。

他們都大聲疾呼，會為消費者把關，而且滴水不漏。

不過電視、消保官、食藥局、農委會，管的是他們的業務，又管不著家庭的運作。
而媽媽不是電視、消保官、食藥局、農委會，管的是不讓我們餓肚子，管的是偶爾讓我們解饞，管的是孩子撒嬌的甜蜜或任性的耍賴。

媽媽不一定有知識，也不一定有常識。媽媽在她的小天地裡，盡力扮演一個媽媽。

我們還是很愛走到櫥櫃，
也習慣拿起香蕉剝皮就吃，
珍珠奶茶一定要波霸才好喝，
雞排的肉不能炸太乾。

我們都小心翼翼，為家庭把關，但是門戶大開。

· 把關 ·

天性

女人勾引自己的男人，應該要是天性。
怎麼妳那麼彆扭，
還罵外面的女人蜘蛛精？

咦？
她是女人，難道妳不是？
該有的，難道妳沒有？

妳說男人被外面的女人勾引不對，
問題是外面的女人很自在，
問題是妳的男人很喜歡。

妳大罵這種女人水性楊花，
　　　　　　不要臉，
　　　　　　賤貨，
　　　　　　搶人家的東西。

重點是重點是，
現在東西在她手上哎，
妳有什麼皮條？

妳勉強認同勾引自己的男人還OK，
可是要妳做妳說真的做不來心裡有障礙，
所以妳的男人看了不舒服也障礙了起來。

大家都說女人賢慧是天性，

女人為母則強是天性，
女人顧丈夫是天性，
這些天性沒有經過練習，也是生疏；
練習錯誤，也是白搭。
身為女人，妳只記得媽媽有教：
女生要端莊才不會被欺負。
竟然沒想到，
媽啊，勾引自己男人的天性，合情合理，不該人還活著身
體已經葬進貞節牌坊底。
媽啊，勾引自己男人的天性，要乾柴才能燒烈火，不是孩
子生了就可以。
媽啊，勾引自己男人的天性，不溝通會倒胃口，不變換菜
色會沒胃口。
媽呀，勾引自己男人的天性，不但要練習，還要勇於修正
耶。

媽啊，妳怎麼什麼都沒有說？
我不知道妳怎麼樣，
但是我從來沒有開發，
最後只能報廢處理。

女人的端莊主義，那麼珍貴清高，
適用在隔絕其他，
沒有老王，沒有綠帽。
女人的端莊主義，那麼珍貴清高，
應用在自己男人，
就是死了，也不瞑目。

女人期待主動的熱情，

卻製造自己被動的閨怨，
嚷嚷著要執子之手與子偕老的愛，
卻不明白受寵也要有本事。

一輩子，
欲求不滿。

條件vs.資格

老一輩的說，戀愛要成功，十大守則不能不參考。
一錢，要有錢，
二緣，要有緣分，
三水，要長得好看，
四少年，要年輕，
五喙，嘴巴要甜，
六膽，膽子要大，
七皮，臉皮要厚，
八綿爛，像坨爛泥，打罵無傷，
九跪，要用苦肉計，
十姑成，要會哄人。

這樣啊，我瞧瞧，
第一，錢？沒有。
第二，緣分？隨緣唄。
第三，好看？還可以看。
第四，年輕？不太年輕。
第五，嘴巴要甜？不太甜。
第六，膽子要大？要用的時候很小。
第七，臉皮要厚？很薄。
第八，打罵無傷？我也是有骨氣的人哪。
第九，苦肉計？很假。
第十，會哄人？要看事情。

第一到第四，是就算我想做，應該也沒辦法。
第五到第十，是我可以做，但是我也做不來。

沒想到超過一半的條件，是可以改變的，
沒想到超過一半的條件，卡在我自己。

我們都有戀愛的條件，
但是我們失去資格。

說為了真愛，什麼都願意，
事實上我們既不積極，也死性不改。

寧可把機會壓在縹緲的緣分，
也不願訓練自己的身段。

所以就算邱比特和月老聽到妳的祈求，
他們還是搞不懂，
到底是誰的人生啊？

寧可嚷嚷著寧缺勿濫，
一絲不苟打著別人的分數，
也不打算救回自己的失分。

所以即使邱比特和月老非常盡責，
他們實在越湊越沒勁兒，
反正作媒成功之後，
不是離婚的，就是想離婚的，或者外遇中。

如果戀愛的路上，
我們有條件也不把握，
我們有條件也不訓練，
那麼婚姻的路上，

我們就沒有資格幸福，
因為就算我們有資格大概仍是鈍於把握，
因為就算我們有資格大概還是疏於訓練。

條條大路是通羅馬沒錯，
那還得看一開始沒走對路的妳，
有沒有那麼幸運可以走到羅馬？

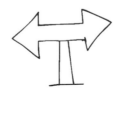

．條件 VS. 資格．

老化

當，老化敲門，
我們就算不歡迎，它就是有辦法進來。

女性荷爾蒙少了，
骨質疏鬆了，
熱潮紅來了，
交感神經亂了，
線條鬆弛了，
脂肪囤積了，
蝴蝶袖猖狂了，
雙下巴跑出來了，
胸部垂了，
小腹大了，
屁股腫了，
皺紋多了，

除了年紀是一日一日往上加的數字，其他都是一日一日向
下扣的分數。

慌了慌了。
妳開始不得不遮掩，
眼尾紋，法令紋，抬頭紋，
妳開始不得不害怕，
紫外線，熬夜，水分補充不夠，
妳開始不得不維修，
電波拉皮，雷射除斑，玻尿酸豐頰，

妳開始不得不跟上潮流，
染髮，Legging，愛瘋。

妳這麼用心，他也沒注意，
真發現的時候，就說老狗變不出新把戲。
妳這麼用心，他也沒注意，
突然緊張的時候，是想起布袋戲的最新一集。
妳這麼用心，他也沒注意，
慎重其事的時候，是發現小孩子迷上線上遊戲。

是啦，
你自然地看待我的老化，
不像我自找麻煩坐立不安，
也沒什麼不好。

是啦，
你不在乎我的老化，
像個孩子就愛追劇集，
也蠻可愛的啦。

是啦，
你不管我是不是延緩了老化，
特別緊張孩子的狀況，
也是好爸爸。

但是啊，
就算我沒有辦法拒絕老化，
就算我可以選擇優雅，
我，實在無法不介意，

老化

天壽骨，
你祖媽低你面頭前，
你是攏無看？

節儉

水梨一半表皮發黑，
沒壞，挖掉黑黑的，還能吃，

橘子表皮發霉，
沒事，皮剝掉，還能吃，

西瓜裂的，比較便宜，
沒壞，切掉被果蠅沾到的，還能吃，

紅柿碰撞，原價50特價19，
沒壞，切掉碰撞凹陷的，能吃能吃。

快要過期的零食、罐頭、泡麵、飲料、調味料，超級划
算，買一送一，
半價的麵包、豬肉、魚肉，超級便宜，冷凍起來。

用了十幾年的除濕機，有點故障，轟隆轟隆，還能用。
忽冷忽熱的熱水器，有點瓦斯味，打開窗戶，不礙事。
睡到凹陷的彈簧床，有點年紀，鋪上棉被，沒有差別。

咳嗽得厲害，不看醫生，吃喉糖就會好。
大便出血，不看醫生，過幾天就沒事。
頭痛，不看醫生，買成藥吃就好。
醫生說半年要洗一次牙齒、檢查一下視力，
啊是沒事花那個錢做什麼？

我們一直很節儉，
很努力在生活。
能省盡量省，
吃便宜的，
買便宜的，
用便宜的，
非到必要關頭，絕不花大筆的。

萬一，
吃了腐壞發霉過期的食物、嘔吐拉肚子、呼吸困難、急性
肺水腫、肝癌、一命嗚呼；瑕疵的電器自燃，瓦斯漏氣爆
炸，床墊不好傷脊椎；咳嗽太兇肺傷肋骨斷、大便出血竟
是大腸癌、頭痛可能是腦瘤、牙周病提高中風機率、眼睛
提早老化還白內障……
萬一……

節儉的生活裡沒有萬一，我們只知道要怎麼精打細算手邊
的一萬。

生活富不起來是早知道的事，
但是身體總弄得很差，
東西不是壞的，
就是快壞的，
身體也搞得哩哩啦啦。
我感覺我們的精神成本似乎更大。
很煩哪媽媽，
節儉的美德不但換不來生活的富足，
更沒有讓我的心靈變富裕啊。

難道不能重質不重量嗎？
囤積的大搶購一堆，
雜七雜八的便宜貨一堆，
用不著的如果不買，
難道我們不能過得有品質一點？
這樣說不定我的心靈還會有一點質感。

為什麼節儉到最後，
花小錢的浪費反而嚴重？
省小錢的代價是無底洞？

媽媽媽媽，為了勤儉，妳顧著往前衝，
能不能停下腳步，看看到底什麼沒有跟上？

．節儉．

畢業

煮飯是一門功課，
吃進肚的所有食物是一門功課，
要修營養學分，要修烹飪知識，
生小孩是一門學問，
養小孩是一門學問，
要學會健康孕，
運動是一門功課，
習慣養成是一門功課，
說話是一門功課，
溝通是一門功課，
出門踏青是一門功課，
回娘家是一門功課，
與婆家相處是一門功課，
和妯娌互動是一門功課，
家務整理是一門功課，
理財規劃是一門功課，
剩菜處理是一門功課，
如何買菜是一門功課，
怎麼切菜洗菜儲存是一門功課，
小孩子的求學安排是一門功課，
傾聽小孩子的心聲是一門功課，
不要揠苗助長是一門功課，
不要溺愛是一門功課，
不要歇斯底里是一門功課，
不要變成怨婦是一門功課，
不要年紀越大越會魯是一門功課，

不要吃壞掉的水果是一門功課，
不要放任小孩出去玩是一門功課，
教小孩擇偶是一門功課，
給予小孩資源是一門功課，
注意小孩每天大便習慣吃東西習慣是一門功課，
做榜樣給小孩子看是一門功課，
教育小孩氣度大方彬彬有禮是一門功課，
給予小孩子穩定安心的環境是一門功課，
如何不遷怒是一門功課，
老了更要討喜是一門功課，
對老公口吐芝蘭的是功課，
女人要守本分是功課，
女人記得顧老公就會忘了顧小孩要記得記錄，
女人的情緒穩定是重點要畫上星號。

小女孩從來不知道自己有這麼多功課要做，
也從來不知道自己有這麼多作業要交，
所以，
一直沒畢業。

她說她，
已經做牛做馬了，還做什麼功課、交什麼作業？
乾脆虐妻虐母算了。

唉，可惜。
吃虧了她。
不做功課不交作業，就是做死了，
也不會過門檻啊。

．畢業．

也不知道

天橋上，你像個不倒翁，
沒有手，沒有腳，咿咿唔唔，乞討。

騎樓下，妳是朵殘落的花，
濃妝，豔抹，似笑非笑，攬客。

暗房裡，你是隻代宰羔羊，
兩顆腎，一顆心，撲通撲通，賣了。

你說人肉販賣是發生在壞心的家庭。
你說強迫賣淫是發生在落後的地方。
你說販賣器官是發生在走私的角落。

你以為，故事的情節應該要有悲傷的過去，才會淪落今天
的下場。

但他們說，
連他們也不知道。
事情發生的那一天，很平淡，就像一顆石頭掉進水底，咚
地，再無聲息。
這就是故事，這就是下場。

我們說，
我們去哪裡家人都知道。
每天起床之後，也很平淡，就像是一顆設定好的旋轉陀
螺，轉呀，回到原點。

這不會是我們的故事，這不會是我們的下場。

我們的生活模式，再怎麼混亂，在家人眼底都很固定。
不是跟同學在一起，跟同事在一起，跟朋友在一起，就是
跟電腦在一起。
不是在圖書館，就是在辦公室，不是在開會，要不練瑜
珈，或者在夜店。
真的都不在，還有手機啊。
再找不到，總會回家啊。

因為固定，所以我們連報平安都省略。
因為省略，所以我們連問行蹤都簡化。
因為簡化，所以我們說就算是家人，也要有自己的空間，
因為空間，所以我們用膝蓋想，就知道他人在哪。
不用多問不用多說，這是家人的默契。

101年，警政統計通報，失蹤人口為32765人。
是總人口的千分之一。

他們可能很小，也可能很大。
可能被誘騙，也可能被脅迫。
可能是陌生人，也可能是熟識。
可能被下藥，也可能被隔離。

我們以為這樣的故事，一定很離奇。
卻沒有想到，
可能發生在平淡的時刻。

你只是去買個雞蛋，去跑個步，在玩手機，在逛街，可能

是一個人的旅行，也可能是兩個人的散步，

咚。

沒有人發現，
因為，我們有用膝蓋想的默契，
因為，我們有不用聯繫也切不斷的關係。
因為平淡，我們認為日子一如往常，繼續。

他們到底是自願還是非自願已然不可考，
但事情演變成這樣，連他們也不知道。

我們從什麼時候習慣家人的模式已然不可考，
但追根究柢起來，我們，什麼也不知道。

我們以為我們抓住了生活的重點，
但沒有想到人生會在平淡的小細節，
咚地一聲，再無聲息。

媽媽好辛苦

媽媽說，
你都不知道我生你的時候有多辛苦，
第一個進產房，
最後一個出來。

媽媽說，
你都不知道我懷你有多辛苦，
妊娠糖尿病，
媽媽最愛的甜食都要戒。

媽媽說，
你都不知道我懷你有多辛苦，
總共胖了快20公斤，
20年後，還沒瘦回來。

媽媽說，
你都不知道你小時候有多難帶，
吃一碗飯要兩個小時，
不抱著就不睡，人肉搖籃哪，
全家你最大。

媽媽說，
你都不知道養你有多辛苦，
常常生病住院，
雞湯蜆湯魚湯骨頭湯天天燉，
老娘我都沒吃那麼好。

媽媽說，
你都不知道你上學有多調皮，
上課走來走去每天老師罰站，
老師講你跟著講，
媽媽接老師電話接到怕。

媽媽說，
你都不知道你青春期有多叛逆，
校服要穿訂做的，
房門不能亂敲，
老娘我是當假的。

媽媽說，
你都不知道你大學畢業有多不容易，
一天到晚翹課，
還把物理系當成醫學系來念，
你爸爸不時跳腳我都快心臟病發。

媽媽說，
你都不知道你戀愛的時候讓人多頭痛，
為了 Pizza 是哪一國發明的吵架，
還整天膩在一起什麼也不做，
哎，兒子養大還真是別人的。

媽媽說，
你都不知道你結婚的時候多麻煩，
親家見面要聊什麼，
穿衣服也要想過，
面子面子，為了你，什麼都要做足。

媽媽啊，
我知道妳想說養我有多辛苦，
不過我也很委屈好嗎？

早知道妳沒銀子，沒車子，沒房子，
我，就不出來了。

心肝肉

生出特殊的你，
他們說有很多原因。
可能是先天的，
懷孕時吸毒，
　　　　抽菸喝酒，
　　　　生病吃藥打針，藥物影響了你，
遺傳，
不明。

也可能是後天的，
生產不順，胎兒缺氧，
嬰兒時期黃膽過高，
生病發燒過度，
車禍頭腦受傷，
危險遊戲受傷。

孩子啊，
我和你爸爸都沒有基因和遺傳上面的問題，
當初詳細的檢查，
機率挑上了我們，
原因不明。

孩子啊，
我和你爸爸從沒有遺棄或虐待你的可能，
那天莫名的失誤，
老天開了我們玩笑，

我不明白。

如果輕度，你還能學習簡單的算式寫自己的名字，
萬一是中度或重度，光上廁所和綁鞋帶，就足以讓周遭的
人疲於奔命。
你如果不是終身俸，由父母負責到底，
就可能是一輩子遊戲人間，和你這樣的孩子，一起。

孩子啊，
我和爸爸啊，
已經吵到，不吵了。
曾經我以為，兩年也好，20年也好，有彼此在身旁，我就
不怕風浪。

當生出健康孩子的他們，
為了孩子的學習、學歷、工作，睡太晚，不吃青菜吵架的
時候，
我和你爸爸，已經不吵了。

我本來以為，
因為你的特殊，
我獨自背負著「孩子是我生的」的責難，
原來一旦吵架，
「都是妳生的才會這樣」是所有媽媽的戰火。

所以孩子啊，
你並不特殊，
世界上的孩子都有不被父母理解的寂寞，
就如同世界上的媽媽面臨一樣的孤軍奮鬥。

·心肝肉·

原來孩子才是人性最大的考驗，
因為你關係著我們的理想，
你關係著我們的面子，
你關係著我們的感情，
你關係著我們的儲蓄，
你關係著我們的心思，
你關係著我們的未來，
你關係著我們的規劃，
你關係著我們的傳宗接代，
我們老了有沒有人養，死了以後有沒有人拜，

孩子啊，
你關係著很多。

正常的你，
是慢慢地磨掉這些關係。
而特殊的你，
是迅速斬斷這些想望。
這中間，
是長長長長的掙扎，
與一天一天增長的厭惡。

不論特殊與不特殊，
孩子啊，都和父母設定的目標，不一樣，
就像，
世界上的父母也和孩子的理想有距離。

你可能1歲了還不會走路，
5歲了還不會叫媽媽，

有嚴重自閉或精神失常，
30歲了還在待業或是一直延畢，
不惑之年的熟女了還在找白馬王子，
結婚15年了還說要當頂客族，
生三個孩子了，夫妻還在打臨工，

孩子啊，媽媽好害怕。
我知道我愛你，你百分之一百、百分之二百、百分之一千
是我的心肝肉。
但當生活有這麼多問題，人生有這麼多不順利，
我雖然心疼你的遭遇，
更害怕聽到「都是妳生的才會這樣」的質疑。

我得承認，
我從沒想過，當媽媽的挫折比什麼都還多，
多到有時候我悄悄希望，你從來沒被生出來。
我得承認，
我從來沒想過，愛與責任執行的難度比什麼都還高，
高到有時候我已經麻痺，
一切付出，只是為了過日子而已。

當「都是妳生的，才會這樣」的話語迸出，
孩子啊，
那是壓垮駱駝的最後一根稻草，
因為媽媽我，
有挫折沒關係，
有問題去面對也沒問題，
但是媽媽我，
也忍不住深深懷疑，

到底，我造了什麼孽？

就算，
我和爸爸，
再也不吵了。

不孕

我們做了很多嘗試，
也做了很多檢查。
但是，
你卻不來。

就算懷孕，
也要比別人小心，
因為你，比任何人都脆弱。

腦下垂體、甲狀腺、腎上腺、卵巢……代謝功能檢查，
濾泡刺激素、黃體刺激素、雌激素、雄激素……荷爾蒙的
檢查，
輸卵管阻塞或粘黏檢驗，
腹腔鏡或子宮鏡檢查，
配合人工授精、試管嬰兒、精子顯微注射……高科技，

為了你，
我們跟時間賽跑。

吃靈芝，
看中醫，
問神明，
不管是換肚、換花種等迷信的儀式，
或者是測量基礎體溫、算排卵期等科學的方法，

我什麼都試，因為我不是一個自私、太愛自己、受不了皮

肉之苦的無尾鵪鶉❶。

為了你，
我孤注一擲，陷入迷宮。
每天媽媽得打排卵針，抽血，照超音波，
求一個健全的卵泡，
固定時間爸爸得醒來，自慰，收集精子，火速送往醫院，
求一次成功的授精。

我們想要小孩，
但是我們不需要親密。

時間很珍貴，也很殘忍，
精子卵子有沒有成功發育成胚胎？宣判的電話，是天堂也
是地獄。
花費很珍貴，也很殘忍。
每一次療程在26到50萬之間，決定的瞬間，在希望與失望
的交界。

就算是100分的醫生，100分的配合，
只有35％的人會得滿分，
65％的人，注定不及格。

他們說排卵藥物會增加卵巢癌的風險，
為了你，
為了證明我身體的主權，

───────────────

❶台語，指只會生蛋，不能孵化小鳥。

為了留住一個共患難的婚姻，
風險，微不足道。

我們永遠不知道療程何時會完成，我們徘徊在焦慮、孤
單、恐懼的迷宮裡。

為了你，
我們歷經千辛萬苦，
以為是患難與共的革命情感，
卻沒想到是人生最大的危機。

收養、精卵子捐贈、代理孕母，
我們都考慮過，
但是走不出的迷宮，
撐不住了。

撐不住了，因此我們不再相愛；
或者，我們還愛著，
但是Sorry，
撐不住了。

Baby，等待你，應該滿心歡喜，
煎熬中，我們似敵似友。
唐朝李治說，
至近至遠東西，
至深至淺清溪，
至高至明日月，
至親至疏夫妻。
剛起步的我，明白了。

· 不孕 ·

069

Danger!

哥哥餵我吃果凍，果凍塞住喉嚨，上不去也下不來，哥哥，我透不過氣來。

我和妹妹玩耍，我躲進麻將桌底下，困住，折疊，妹妹，我快要沒有氧氣。

表弟和我在彈簧床上玩跳高競賽，我奮力一跳，撞破了落地窗，玻璃像花綻開，弟弟啊，我的左腳主動脈也像花，似火地綻放。

奶媽把電腦滑鼠給我當敲打玩具，咚咚隆咚鏘，咚咚隆咚鏘，我敲得起勁，滑鼠線也跟著共舞，向著我的頸，跳將了來，奶媽，我的頸有紫色的舞步。

媽咪餵我喝奶，我邊喝邊睡，媽咪把我放回床上，是我最喜歡的趴睡睡姿，夢中胃裡的奶一直往上流，流得我滿嘴的白鬍子，媽咪，白鬍子那麼醜嗎？妳為什麼哭？

爸爸陪我睡覺，一翻身，爸爸的背對著我，我們各自睡去，再一翻身，爸爸的背壓著我，這一次，我睡得極沉。

爸爸陪我玩躲貓貓，躲呀躲，陽台是我不曾探索的祕密基地，也是當鬼的你不曾搜查的範圍，爬上陽台，我發現那裡更隱密，一躍，嘿，爸爸，你抓不到我了吧。

阿嬤煮了魚湯給我喝，我不小心吞到魚刺，他們說吞幾口

白飯是祕方，再喝幾口醋就沒事，嗯，喉嚨好像不痛了。第二天，魚刺變回一隻魚，游到胃，以為穿越它，就是大海。幸好醫生叔叔把牠釣出，解除了魚刺的魔咒。

爆竹一聲除舊歲，我們在爺爺家舉辦花火節。堂哥點水鴛鴦丟向我們，我們尖叫逃竄，小堂妹揮弄仙女棒，假裝是月光仙子，也要把我變成仙子，仙女棒在我眼前晃動，閃閃爍爍之間，我沒有變成仙子，但我的眼，成了永夜。

角落的瓶瓶罐罐，媽媽會拿來用，爸爸也會拿來用。我也拿起來，轉開瓶蓋，是喝的吧？呵呵。咕嚕咕嚕，我的喉嚨好燙，跟著，我的身體也燒起來了。

桌上的大瓶子好神奇，手一壓，就有水嘩啦嘩啦流下來，好好玩，It's my turn.我搬了椅子爬上去，是了，就是這個紅紅的地方，一壓，哇，我的屁股嘩啦嘩啦，我的淚水嘩啦嘩啦。

你們都不在，我是國王，彈珠是我的武器，我要攻下客廳，噔噔噔噔，沙發區，佔領，泡茶區，佔領，電視區，噔噔噔噔，啊，彈珠卡住，暫時休兵。原來卡在電視機後面，勾到了勾到了，碰，我的武器還沒上膛，我的頭蓋骨已經四射。

世界兒童組織說，每年超過450萬名孩童在家中發生意外。衛生署警告，事故傷害是孩童死亡的最大原因。
家，是事故傷害最常發生的地方。

別再說，家是最安全的地方。

但是，家的危險卻是最好的訓練。

當我還沒離家，家裡是最危險的地方，
當我開始慢慢把重心放在外面的世界，學校，工作，戀愛，外面是最危險的地方。

如果家庭的危險，你們帶著我謹慎，引著我學習，那我就不會懵懵懂懂的長大，會說感恩感恩，卻不明白避開這些危險，大人要多麼細心、要有多大的堅持與智慧，而我生命的安好有多麼可貴，
如果家庭的危險，我可以學會小心翼翼，那麼我就不會樂極生悲，
如果外面的危險，我可以有家庭的訓練，那麼我就不會毫無戒備。

在我們的眼皮子底下的安全，我們非常放心關閉Danger的警戒。
紅燈亮不起來，
我們只有眼睜睜看著它，
一發，不可收拾。

我們顧著享受家的安全，白白糟蹋了家的危險，白白糟蹋人生珍貴的訓練。

我也就安心了

當愛已成往事，
我祝福你，
這次能找到真愛。

當愛已成往事，
我祝福你和另一半，
此生快樂。

當愛已成往事，
我祝福你，
不再為我傷心難過。

當愛已成往事，
你，
一定要過得比現在還要好。

當愛已成往事，
說再見，
是我的損失。

當愛已成往事，
很抱歉，
我無法給你前進的動力。

當愛已成往事，
我記得，

你不會有太庸俗的心靈。

當愛已成往事，
你當初那麼多壓力，
我選擇原諒。

當愛已成往事，
當時的金融海嘯，
我們一起渡過，我告訴你要惜福。

當愛已成往事，
所有人都只有看到，
你對我的愛慕與體貼。

當愛已成往事，
那時的我想安定下來，
碰上了你。

當愛已成往事，
你的真實，
我最清楚。

當愛已成往事，
愛不在時，
世界非常荒謬。

當愛已成往事，
你不是大壞人，
只是我們不適合。

當愛已成往事，
我當然，
很祝福你。

他們說，衷心的祝福對方幸福，是一種福氣。
我一定要把這個福氣，給你。

因為，
知道你過得不好，
我也就，安心了。

．我也就安心了．

窮養？富養？

妳從來沒有上過高級餐廳，
吃牛排也只有夜市的199，
濃湯，餐包，沙拉，大塊沙朗，飲料，還有冰淇淋，
覺得這樣就很頂級。
什麼禮儀，妳總是有聽沒有懂，
餐具依序由外往內取用，
麵包要撕著吃，不是大口咬，
牛排是切一塊吃一塊，不是卯起來全切，
還沒吃完，右刀左叉擱置在餐盤兩旁，叉尖朝下，
吃完刀鋒朝內叉尖朝上。
什麼禮儀，搞得妳連吃飯都緊張兮兮。

他帶妳上高級餐廳，泰若自然，
牛排的什麼部位好吃，怎麼吃，幾分熟，都如數家珍，
用起刀叉，一派輕鬆，
帶妳怎麼品嚐，
教妳怎麼分辨，
哇，這個男人的品味，
好加分。

妳從來沒有好好慶祝生日，
那一天也頂多湊合買個蛋糕，
奶油，芋頭，布丁，蠟燭，再來個生日歌，
覺得這樣就很溫馨。
什麼Special day，每天還不是一樣？
生日當天要有物質和心靈的感動，

蛋糕口感細緻，包裝精巧，當然要提前預訂，
禮物萬中選一，不是有送就可以，
吃蛋糕前，燭光前的祝福，是重頭戲，
唱完了歌，許了願望，禮物將是另一個驚喜。
什麼Special day，大家那麼熟了耍情調很彆扭吧。

他幫妳慶生，做足功課，
蛋糕哪一家的最好吃，哪種口味最正點，什麼時候提前預
定，毫不馬虎，
把玫瑰花排出一顆大大的心，紅紅的花瓣，說他今生第一
次破例，
還有，
Longchamp包一只，
還有還有，
滿屋的燭光熒熒，
唉，這個男人的破例，
妳不免動心。

妳從來沒有這麼被呵護，
被疼惜也只有生病那時候而已，
爸爸問好點了沒，媽媽特地燉了雞湯，姐姐兼了妳的家
務，弟弟也一直說沒人陪他玩好無聊，爺爺奶奶陪妳聊天
讓妳忘記身體的疼痛。
覺得這樣就好窩心。
什麼被捧在手掌心，妳其實沒有感受過，
今天吃了什麼穿了什麼做了什麼，一直都有人關心，
每天的瑣碎都很新鮮，而不是Same old, same old，
日子是點點滴滴有人共鳴，不是No news is good news，
妳的種種，總是幫妳從不讓妳感到無助，討論分析絕不讓

妳感覺孤單，
在乎妳這麼具體，所以妳也真的很愛自己。
什麼被捧在手掌心，就算生病也只有一下子啊。

他隨時噓寒問暖，從不缺席，
今天早上吃了什麼，做了什麼，和同事聊了什麼，心情怎
麼樣，都很仔細，
討妳歡心，叫妳放鬆，
重視妳的瑣碎，
傾聽妳的委屈，
呼，這個男人的疼愛，
多麼難捨。

你們說，
我要刻苦耐勞，
我要獨立堅忍，
窮養之下，
我只知道我的人生除了奮鬥，還是奮鬥。

我沒有被生活的磨難給擊倒，
我沒有被塵世的艱辛給摧毀，
但是我被浮華與虛榮迷惑，
但是我被甜蜜的呵護吸引，
但是我為開闊的視野激動，

窮養之下，
我有堅強的意志，不用懷疑，
但是一塊蛋糕，
就可以把我哄走了，輕而易舉。

哄走一個女孩，A piece of cake，
毀掉一個女兒，窮著養就成。

・窮養？富養？・

速速退

男人說他們，是一種專一的動物。

18歲的時候，喜歡年輕的美眉。
35歲的時候，喜歡年輕的美眉。
春秋鼎盛的時候，喜歡年輕的美眉。
半百的時候，喜歡年輕的美眉。
花甲之年的時候，喜歡年輕的美眉。
從心所欲的時候，喜歡年輕的美眉。
就算到了百歲，還是喜歡年輕的美眉。

所以當妳年輕的時候，享受著他們專一的福利。

上菜市場，男老闆總是會幫妳在歐巴桑堆中，殺出重圍，
特別關照妳。
上課時，男老師總是對比其他人稚氣的妳，更多耐心，特
別指導妳。
搭飛機時，男空服員總是對青春的妳，噓寒問暖，有更多
照顧。
到餐廳吃飯，男服務員總是對妳比隔壁桌的媽媽們，講解
得更仔細，多些巡視。
走在路上，連計程車也總會減慢速度，對著年輕的妳問，
小姐，麥坐車唔？
問路時，男人也會更熱心地說明，甚至妳只是看起來迷路
的樣子，都會主動協助。
工作時，男主管再怎麼愛理不理，跩得二五八萬的樣子，
對妳，就是和顏悅色。

電腦壞掉時，男性朋友會丟下共事十年也電腦壞掉的女同事，特地趕來，幫妳。
搬東西時，辦公室的男同事會自告奮勇，說那個太重女生搬不好。

所以妳就別再怪年紀大的她們，
可能買菜的時候插妳的隊，
可能對妳不客氣的上下打量，
可能故意排擠妳，
可能批評妳的不懂事，
可能吃醋妳受到的待遇，
可能討厭妳的風姿綽約，
可能仇視妳的招蜂引蝶，
可能排斥妳的論點，
可能忽略妳真正優秀的地方，
可能發現妳的缺點就會心情大好，

因為同行本來就相忌啊，
加上她們曾經享受著男人專一的福利，
今天什麼都沒了，
是像妳一樣的浪潮，逼退的結果。

當男人的專一慢慢遠離妳，
妳就要明白，
與其被逼退，
不如速速退，
緊來走啊咿，
舞台，本來就是留給光彩的年齡，
後台，才是屬於內斂的歲月。

・速速退・

081

捧不起

媽媽媽媽，妳說庭院深深深幾許，
那重重簾幕，我不應該去。

媽媽媽媽，妳說一入豪門深似海，
那鳳凰翩翩，醜小鴨怎飛得起來。

他說愛我，門不當戶不對雖是問題，但他會努力。
媽媽說我異想天開，麻雀變鳳凰，我只會自慚形穢。

媽媽說現實就是現實，門檻天生注定，
跨不過去就是跨不過去，這樁婚姻注定我尊嚴踏地。

所以媽媽找了一個憨厚的他，
沒有媽媽的豪門情結，
　　　　門戶之見，
　　　　高攀理論，
媽媽，把我許給憨厚的他。
說這樣的婚姻沒有誰被矮化，
我，才會活得像我自己。

他，很憨厚，
但是我們沒有話聊。
他，很憨厚，
只是每個月的菜錢扣了又扣。
他，很憨厚，
很疼孩子，不過三字經很容易出口。

他，很憨厚，
婆婆隨Call隨到，是如假包換的媽媽寶。
他，很憨厚，
兄弟義氣大過天，喝酒抽菸搏感情，
他，很憨厚，
討厭家人上醫院，因為有他祖宗遇過庸醫的陰影，
他，很憨厚，
憂國憂民，遇到事情不是唉聲歎氣，就是閉門不應。

我，見鬼了嫁給一個沒有肩膀、沒有水準、婆婆最大、兄
弟最大、陰影最大、還一天到晚唱衰的男人，
孩子活得很不安，
我活得很辛苦。
原來所謂的門不當戶不對，是別人踐踏自己，
原來所謂的門當戶對，是自己在踐踏自己。

媽媽啊，我真的很後悔。
也很懷疑，為什麼妳篤定當初的選擇，會比現在差？
媽媽啊，我真的很後悔。
也很自責，為什麼下一代不能生長在那樣的家庭，有更好
的資源？

媽媽媽媽，原來不是我捧不起，
媽媽媽媽，原來是你們大人的面子問題，

媽媽媽媽，原來不是我撐不起，
媽媽媽媽，原來是你們大人的裡子見底，

媽媽媽媽，原來不是懸殊的愛特別短命，

媽媽媽媽，原來是懸殊的心態志氣特別窮麼。

媽媽媽媽，你們的自卑造就了我的怯懦。
媽媽媽媽，你們的燕雀之命修正了我的鴻鵠之志。

門當戶對，你們說是總結前人智慧的指導棋，
其實只是你們的障眼法，
如果你們延續上一代生活的自卑感，那麼頑強，
讓我煮熟的鴨子，飛了。
你們就應該知道，要突破累代的藩籬的我，有多麼勇敢。
曾經那麼接近的，愛情與麵包。

一箭雙雕當然不容易，
但是兩頭落空卻來自於我們把人生看得太簡單。

1＋1

女人以為，一個人的自己，最孤單寂寞。
沒有想到，
結婚之後，兩個人的冷淡，才最孤單寂寞。

一個人的孤單寂寞到最後，還會有幽微的寧靜。
兩個人的孤單寂寞到最後，卻擠滿倉皇與悶亂。

我不怕一個人過生活的辛苦，我只怕兩個人在一起，卻過
得像是一個人的折磨。

一個人吃飯，
一個人出門，
一個人運動，
一個人買菜，
一個人睡覺，
一個人的客廳，
一個人的電視，
一天當中，絕大部分的時刻，都是一個人。

在婚姻裡，
許多女人激動地爭取自己的空間，Me time。

我的婚姻，
卻是眼睜睜看著自己的空間與時間，This much。

我們的身分，是同樣的欄位，

我們的身體，在同一個空間，
我們的對話，套同一個公式。
我們之間，越來越遠，
我和你，漸漸陌生。

我們以為，
當慢慢習慣身邊沒有這個人的時候，感情就淡了；
沒想到有一種狀況是，
當慢慢習慣身邊有這個人的時候，感情就淡了。

1＋1，
是空盪盪，
是等待，
是東倒了西就歪了。

當1＋1等於零的時候，
就是你沒有重量的時候，
我備妥印章、照片、戶口名簿和身分證，
到戶政事務所。
把心裡那個你佔據了多年的位置，清空。

It sucks!
連沒有重量的你，
我都要適應！

1＋1，
搞慘了女人，
花了大把青春，
也解不了看起來再簡單不過的題。

當愛情荷爾蒙Say goodbye

當愛情荷爾蒙Say goodbye，
我們就是回到沒有魔法之前的我們，
就算是穿著漂亮的禮服與高貴的水晶鞋，
灰姑娘也阻止不了魔力的消失，
馬伕終究要變回老鼠，
馬車終究要變回南瓜。

因為戀愛，我們身體產生一種魔力，讓我熱情洋溢，讓你光彩美麗。
因為戀愛，人體自然合成中樞神經的興奮劑，讓你我意亂情迷。
你讓我心跳加快，
你讓我緊張不安，
有了你，我焦慮不再，
有了你，我勇氣倍增。

所以就算你，
個性古怪，
身高不高，
神經兮兮，
學識一般，
懶惰無比，
不愛刷牙，
還香港腳，

別人眼底的不可理喻，是我中毒的證據。

愛情興奮劑，是我們合拍的祕密，
可惜，愛情興奮劑，有限供應。

人體調節能力，是我們活著的奧祕，
最終，人體的調節能力，讓我們清醒過來。

沒了興奮劑，我焦慮湧來，
沒了興奮劑，我兩腳發軟，

驚覺你，
個性古怪，
身高不高，
神經兮兮，
學識一般，
懶惰無比，
不愛刷牙，
還香港腳，

我眼中的不可理喻，是我中毒的後果。

所以你問我，
當愛情荷爾蒙Say goodbye，該怎麼辦？

中毒的時侯，毒品讓你很High，
心意既定，不長眼睛，
回歸正常，殘局讓你三聲無奈，
大局既定，靠毅力，好好勒戒吧！

和氏璧

楚國有一個人，姓和，在楚山發現一塊未經雕琢的玉石，
驚為天人，高興地進獻給厲王。
玉匠鑑定說，這不過是一塊石頭。
這廝，欺君之罪！
厲王砍去他的左腳。

厲王死了武王即位，和氏又捧著玉石獻給武王。
玉匠鑑定說，這就是一塊石頭啊。
這潑賴，膽大包天！
武王砍去他的右腳。

武王去世文王繼位，和氏在楚山下抱著玉石哭了三天三
夜，哭出血來。
文王知道了，派人問，
天底下被砍腳的人那麼多，為什麼惟獨你哭得這樣悲傷
呢？
和氏說，我悲痛的並不是我的雙腳，而是這樣一塊寶玉被
人說成是普通不過的石頭，而我被視為騙子啊。
玉匠重新鑑定說，果真是一塊舉世無雙的寶玉啊！

文王於是命名為和氏璧，紀念和氏的膽識與忠貞。

女人認為自己選擇的他，就是一塊和氏璧。

可能敗絮其外，但絕對金玉其中。
可能粗糙笨重，但琢磨必成大器。

她說，她有堅定不移的信心，
　　她有大海的包容與體諒，
　　她有為了美好努力到底的頑強精神，
　　她有伯樂獨排眾議的等待。

女人哪，或許有膽識和忠貞，
但是，
世界上的人，多半不是厲王，就是武王，第一次看不出是
美玉時，就判定是石頭了。
而妳，也不一定遇見願意翻案重審的文王。

最重要的是，
妳手中的石頭，
有可能，真的就是一塊石頭罷了。

女人都收藏了一塊和氏璧，紀念她的膽識與忠貞。
和她為了證明眼光，被砍的雙腳。

和氏沒有騙人，因為那真是一塊寶玉。
女人也沒有騙人，因為沒有人被騙，
只有她，深信不疑。

誰的錯？

新好男人在眾人面前宣示，
太太永遠不會錯。
如果發現太太有錯，一定是我看錯。
如果我沒看錯，一定是我害她犯錯。
如果我沒看錯，也沒害她犯錯，只要太太不認錯，她就沒
有錯。
太太永遠不會錯，這句話絕對沒錯。

女孩聽得心花怒放，滿臉動容。

男人心想，這麼容易就相信？

就算是Believe，中間也藏著一個Lie啊。

是的，以上，都是我的錯。

　　　而這些錯誤，是從我娶妳開始算的啊。

當了Wife，心裡就要有很多If。

如果如果，不是當初我很迷人，
就算不迷人，如果如果，不是當初我很性感，
就算不性感，如果如果，不是當初我很帥氣，
就算不帥氣，如果如果，不是當初我很憨厚，
就算不憨厚，如果如果，不是當初我很捧場，
追了妳，

妳怎麼會這麼令人好生羨慕地這麼年輕就嫁給了我？

當了Wife，心裡沒有If，沒有轉念的能力，一定累死妳自己，累死妳老公，累死妳的娃。

妳又想起，
當初說的百般呵護？
當初說的一肩挑起所有生活的摩擦？
當初說的一輩子讓妳相信、永不懷疑？
當初說的莫忘初衷？
當初說的讓妳備受尊寵？
當初保證的生活沒有僵持不下沒有吵鬧不休？
當初承諾的貼心安撫？
當初約法三章的主動和好？
當初說我永遠永遠把妳的感受擺在第一？

就別再瞎找碴了，
將錯就錯吧！

I'm the king of the world!

電影《鐵達尼號》有一個經典片段，
藍藍的天襯得海面更藍，這時候，窮畫家傑克帶著富家女
羅絲來到船頭，傑克張開雙臂，迎著天空，激動大喊，I'm
the king of the world!看著眼前一望無垠的大海，他可以擁抱
世界，他可以做自己的國王。

我們看了很感動，把當King的主動權，浪漫化。

傑克的世界是落魄的，只有在羅絲面前，他才是King。

男人的世界是爭奪的，只有在家人面前，他才是King。

既然是King，
當然不洗衣服，
不洗碗，
不扔垃圾。

妳手忙腳亂做晚飯的時候，他懶散地躺在沙發上，手拿著
遙控器，不時轉台。
他是電視機的King。

做好晚飯叫他吃飯，飯還沒盛好，他生氣大罵；叫他吃飯
沒有用敬語，他生氣大罵。
他是飯桌上的King。

平常也不陪妳去菜市場買菜，妳獨自拎著各種各樣的菜。

有時候，他突然想起要吃什麼，或要喝酒，馬上打電話命令妳，買回來！從來不會考慮東西那麼重，妳一個女人拿起來多麼不容易。

他是選擇決定的King。

周末時也不陪妳跟孩子，叫妳自己帶孩子出門。孩子休閒、教育，都是妳的事！

他是分配工作的King。

處處以他為尊，幫他泡一杯茶、幫他拿褲子、幫他找鑰匙，他負責動口妳負責動手，分秒不得遲疑。

他是不容反抗的King。

因為在男人的世界，他不是King。他沒有選擇決定權，他沒有分配工作權，連反抗的聲音，都不能有。

在男人的世界裡，他沒有什麼可以擁抱的，因為他可能連搶都搶不到。

在男人的世界裡，他沒有什麼可以滿意的，因為可能連顧基本盤都滿頭大汗。

社會地位、尊嚴、財富、子女的成就，甚至子女的嫁娶，都是男人世界的競賽。

男人張開雙臂，擁抱不了世界，世界嚴苛地瞅著他，並不憐惜。

所以他也嚴苛地看著妻、看著子。

男人張開雙臂，當不了世界的King，他只能當家裡的

King。

男人當然不滿意，但是想到這個家沒有他，好像就不行，
看著眼前一望無垠的拖磨，
自戀地皺眉，
誰叫I'm the king，捨我其誰哪？

外面當King，異想天開；家裡當King，至少，他存在。

只是萬一他存在過頭，妳們一家老小，奴役過頭，
就一輩子有奴役的陰影，從此別想，抬頭做人了。

任何King出現，就慣性為奴。

男朋友是King，
老闆是King，
有錢的朋友是King，
成材的兒女是King，
出入闊綽的陌生人像King，

任何人只要擺出他很好、他是King的架勢，
妳奴隸的自卑，馬上現形。

男人當然可以當家裡的King，但要是以家人為奴去撐起他
的King，
勢必是養出一窩為聽話而聽話，或者為反對而反對的小兔
崽子。

而他們心中，都住著巨大的奴隸。

這個男人是King，他的江山，必敗。
而這個King的女人，也通常是誤判形勢，以為King好就全家好，加快敗亡的速度。

男人當然可以當家裡的King，但要知道他有多少本事，
如果本事不足以對外，那更不允許對內，
如果本事足以對外，那更要好好養內。

除非，你想養出一群兔崽子。

女人當然可以讓她的男人當家裡的King，但要知道他有多少本事，
如果本事不足以對外，那就好好訓練他乖，聽妳的話，
如果本事足以對外，那就好好支持他事業，聽他的話。

除非，妳想聽到就是妳他媽的生的這一群兔崽子！

沒有做功課

司馬遷有個擔任太史的父親，專門負責記載史事、編寫史書、兼管典籍、天文曆法、祭祀等，從小受到良好的教育與薰陶，加上從19歲開始四處進行風俗考察，足跡遍及中原地區，寫出上自黃帝時代下至漢武帝，縱貫3000多年歷史的，中國第一本紀傳體通史──《史記》。

沒有史學的基礎，沒有壯遊的見聞，沒有做功課，就沒有司馬遷「究天人之際，通古今之變」的一家之言。

屈原來自政治世家，精通歷史、文學、神話，洞悉各國形勢和治世之道，博學強記，辯才無礙，為了國家的長遠利益，積極為聯齊抗秦奮鬥，深受楚懷王重用，因此侵犯了貴族大臣的利益，不斷在懷王耳邊說屈原壞話。懷王漸漸冷落屈原，再三背齊合秦，屈原越竭力反對就越被疏遠，甚至被流放漢北。頃襄王繼位，不管過去懷王被秦國玩弄的慘痛，執意再與秦國講和，屈原無法容忍，一反對，又被流放到更荒涼更荒涼的南方。

沒有學識的背景，沒有小人禍國、君主昏庸的痛苦，沒有放逐異地、孤苦伶仃的悲懷，沒有做功課，就沒有屈原用喻華麗奇特、內蘊豐富深遠的〈離騷〉。

韓愈出生沒多久母親便過世了，接著三歲喪父，由大哥撫育，沒想到大哥病逝，之後由嫂嫂撫養成人。7歲才開始念書，13歲就能作文章。雖然聰穎過人，科舉應試並不順利，當了三次的重考生。當了官之後，因為豪爽真摯不做

作、實事求是、熱情的個性，交了很多忠誠的朋友，在文壇上更是桃李滿天下，所以登高一呼，古文運動就轟轟烈烈的開始了。但倒楣運還沒到頭，因為這樣的個性和影響力，數度犯上，總是被貶到鳥不生蛋的地方，更差點被皇帝砍頭。

沒有年少的波折、科考的挫敗，沒有堅強的自信與勇往直前的氣勢，沒有做功課，就沒有韓愈文起八代之衰、道濟天下之溺，飽含情感卻不虛偽，樸質又氣勢十足的作品。

司馬相如從小受寵，念書時對怪僻生冷的字特別有興趣，強記以炫耀自己的學問。父母散盡家財幫他買了官——騎馬的衛士，軍事化的生活讓他很快就把這買來的官給辭了。很幸運地，他冷僻奇麗的文章得到梁孝王的喜愛，繼續飲酒作樂。梁孝王一死，混不下去，找上心術不正的朋友臨邛縣令，賊頭賊腦地把主意打到新寡美麗的卓文君身上，策劃騙婚的戲碼。一開始，縣令招待他來臨邛城並且百般巴結他，果然引起當地富豪卓王孫對司馬相如的好奇，沒頭沒腦也跟著巴結了起來。宴請的那一晚，一曲〈鳳求凰〉的演奏讓司馬相如的風采達到巔峰，特別是簾後深諳琴音的卓文君更是為之傾倒，當晚就跟他私奔了。暴怒的卓王孫斷了女兒的經濟來源，他們便在大街上開起酒館。自己的女兒當街賣酒的模樣讓卓王孫實在丟不起這個臉，只好如其願，給了百萬家產。司馬相如因此順利進入上流社會。

沒有人生掙扎的經驗，沒有精神痛苦的體驗，沒有做功課，怎麼會有〈長門賦〉低訴閨怨的深刻與厚度呢？滿篇陳皇后的癡與痛，愁與懊悔，心神不寧與恍惚難安，讓正

與小歌女打得火熱的當事者——武帝都沉浸其中感動不已。

一個沒有做功課的作家,怎麼可能寫出感人的作品?

他沒有做功課,不過他老婆做了功課。

司馬相如想要納妾,卓文君因此走避他鄉,以一首〈白頭吟〉打消他的念頭。
說,
願得一心人,白頭不分離。

陳皇后的心,最懂的,是同病相憐的卓文君。

任何作品都不可能沒有做功課,
除非,它打動不了人心。
特別是當我們津津樂道司馬相如和卓文君的才情和愛情的時候,
都忘了去思考,到底誰做了功課?

· 沒有做功課 ·

妖精

妳不一定要很美麗，
只要妳風情萬種，
妳就是男人的打火機。

妳不一定要很出色，
只要妳活潑大方，
男人還是為妳癡狂。

為什麼她們都不是極品，
偏偏有極佳的異性緣呢？

因為她們是妖精。

妖精懂得替自己的魅力開一條康莊大道。

她們放電，
她們曖昧，
她們不設限，
她們裝柔弱，
她們愛撒嬌，

她們不假道德，不喜歡你也不拒絕你，但也明白告訴你，
大家都有機會。

她們是妖精，迷得男人們顛三倒四。

妖精很聰明，讓自己看到更多風景，不光是坐井觀天。

未婚的妖精，很多見，
已婚的妖精，很多見，
已婚妖精最後淪落為離婚妖精的，也很多見。

未婚妖精，找機會，情有可原。毫無爭議，是應該的。
已婚妖精，當自己老公的妖精。毫無爭議，是模範生。
離婚妖精，則是從未婚妖精升級，帶著已婚身分，卻走著
過去未婚妖精的行為模式。毫無爭議，是蒼蠅紙。

單身女子要當妖精，才不會苦無對象，
已婚女人就要訓練成好妖精，
已婚女人不訓練，就是壞妖精，
未婚妖精的任務既成，就要重新設定執行的任務，
要不然任務不清不楚，做起來不三不四，
出包，是遲早的事。

單身女子可不要指著出包妖精的鼻子大罵啊，
一直放倉庫跟退回倉庫，
是不在同一個水平沒錯，
但是，
都好不到哪裡去啊。

· 妖精 ·

講好聽的

女人結婚就有膽。

開始，數落對方。

為什麼那麼晚回家？

為什麼可以癱在客廳看你的電視，也不幫忙分擔家事？

為什麼對小孩子的教養問題，不是打，就是罵？

為什麼就對別人的孩子摟摟抱抱，對自己的孩子不親？

為什麼在外面開開心心，回家就一張臭臉？

為什麼不幫我跟婆婆解釋，害我每次都揹黑鍋？

為什麼在乎工作勝過在乎我？

為什麼公司的女同事一直找你？

為什麼手機有奇怪的簡訊？

為什麼下班沒有順便去買燈泡，我昨天不是提醒你了？

為什麼每次都是我自己去遛狗？

為什麼我不能跟你的朋友一起出去？

為什麼每次我才唸你一下，你就罵我？

為什麼週末你還一直睡覺，不帶我出去？

為什麼每次旅行都是我在張羅，你什麼事都沒有做？

為什麼我不能穿短裙，難道我做什麼都要經過你同意？

為什麼你不去B超市買衛生紙？那比A超市便宜10塊吧！

為什麼你還沒打電話跟你媽說這禮拜我們不回去？不提早說到時候她又要怪我。

為什麼不跟那個當醫生的同學多連絡？這樣的人多認識有好處啊。

為什麼你要借錢給弟弟投資？叫他去跟弟媳娘家借啊，她娘家不是很有錢？

為什麼不投資一點A基金？某某同事賺了一筆。
為什麼不跳槽？你們公司福利那麼差。
為什麼不穿那件襯衫，開會穿那件比較妥當。
為什麼不去那個研討會，不去沒關係嗎？
為什麼不運動？這樣身體才會好。
為什麼我們的生活沒有像我同學那樣有趣，他們學跳舞、約唱歌、做手工藝，我們一成不變，孩子好像也沒有人家聰明。
為什麼我們每個禮拜天不能去外面吃飯？
為什麼你又不參與卻總是愛碎碎唸？我煮什麼有沒有先汆燙？番茄有沒有買有機的？家裡怎麼整理擺放？都是我在做耶我知道。
為什麼回家不先洗手就抱小孩？
為什麼骨頭不倒進垃圾桶偏偏要放在洗碗槽？

有膽，
就管很闊。

她以為這樣叫作賢慧。
這是關心，
這是在乎，
這是責任，
這是感情經營，
這是參與。

這樣的付出，通常得到的是老子不爽。

他不爽她自己不先做好，她解釋那是因為他不堅持所以她才放棄，

他不爽她自己做好跟他好不好有什麼關係，但她不明白她
好了為什麼他還不好？

女人結婚就有膽，常常用膽最後忘了用腦，
女人賢慧要巧妙，不然最後都變成講難聽的。

她一賢慧就千軍萬馬，以為Push是男人成功的必要，
結果他說他還沒死，她開始哭天，
　　是不是嫌他無能，成天唉天？
　　還說孩子有樣學樣，跟著喊天。
女人一賢慧就千軍萬馬，她還沒偉大，他就先頭大。

女人嫁給不好的，講難聽的，對他只是更多壓迫，
鼓勵到底，他還有希望，壓迫到底，狗急了就是跳牆；
女人嫁給好的，講難聽的，對他根本沒有幫助，
挺到底，他專心發揮，幫倒忙到底，他恨不得休妻。

就算要跟丈夫說正事，也要選在對的時間，在適合的狀況
下說。
正事在錯誤的時間、錯誤的情況下說，就是好事也要說成
壞事。

要說好聽的，才會得丈夫疼。
丈夫做錯了，用難聽的話去諷刺他，
不好的他，也不會因此騰達；
丈夫做錯了，用難聽的話去諷刺他，
好的他，本來就不接受任何批評。

丈夫做對了，還說難聽的話？

那只有重新投胎能救妳了。

女人常常因為賢慧走入死胡同，
永遠對老公講好聽的，是唯一的解套。

內亂

要毀掉一個國家或政權，真的很容易，讓她內亂就行了。

所以，
雄霸南美的印加帝國，因爭奪皇位內戰不休，西班牙人來
的時候，節節敗退。不過是150多人的烏合之眾，與並不精
良的武器，剷平南美。

吐蕃的侵擾，回紇無止盡的勒索，對阿拔斯王朝的怛羅斯
之役戰敗，並沒有讓唐朝一命嗚呼，而是外戚和藩鎮勾心
鬥角產生的叛亂搞得渾身是病，治療的時候矯枉過正，宦
官跟著爭權，舊傷未復，新傷又來，病入膏肓，最後一點
小病都能斷氣。

新巴比倫帝國使巴比倫城的繁華壯麗成為世界之最，堡壘
般的城牆與富麗堂皇的空中花園，是政治運作穩定與經濟
生活繁榮的最好證明。驕傲自滿的巴比倫貴族就在這以為
誰也攻不進來的城裡，縱情享樂，與爭權奪利，他們之間
的內鬥，加上飽受欺凌的奴隸與百姓的離心，波斯人一
來，不戰而勝。

當一個國家或政權內部擾攘不安時，
如果不是無心發展，
就是心有餘而力不足。
就算再偉大的朝代，與令人聞之喪膽的國家，
也只能在她最輝煌的時候，倒下。
一旦外敵入侵，就只能拱手讓人，

就算它，不過是根羽毛，都是一根最重的羽毛。

當一個人內心擾攘不安時，
如果不是無心發展，
就是心有餘而力不足。
就算有大把大把的青春，與無可限量的潛能，
也可能在他最輝煌的時候，Goodbye。
一旦壓力再起，就只能舉白旗投降，
就算它，不過是根羽毛，都是一根最重的羽毛。

100年國人自殺死亡人數，3507人。

對於自殺，當然我們不能有太自以為是的答案。
這些危險因子，從個人的人格特質，親子互動，家族遺
傳，甚至父母的婚姻狀況，生活習性等，和任何因危機與
創傷引發的失落，都隱藏著看不到的，不斷堆積的火藥。

情感與經濟，不可置否，一直是最大的主因。

要毀掉一個人，真的很容易，讓他亂就行了。
一個不健全的家庭，
一場不健康的感情，
與吃不飽的麵包。

一亂，離Out就不遠了。

外敵不可怕，
可怕的是，我們的內亂。

內亂，
足以致命，
足以喪國。

但我們卻鎮日圍繞在
不健全的家庭，
不健康的感情，
與吃不飽的麵包之中，
完全搞不清楚，
到底是什麼讓我們來不及輝煌，或，提早倒下？

公平

男的越娶越年輕，
女的越嫁越老。

女人結婚當天是萬點行情，普天同慶，
結完婚，行情直下，
離了婚，利空出清。

女人一想到結婚就樂過頭，
男人一想到結婚就裝木頭。

一個男人的黃金時期，隨著他的錢與權勢，成長，
一個女人的黃金時期，隨著她的三十歲，下降。

女人經常為愛犧牲，
男人經常犧牲愛情。

胖妹沒人理，
美女眾人捧。

男人的謊言可以騙女人一夜，
女人的謊言可以騙男人一生。

愛情是騙來的，
感情是睡來的。

感情經得起風雨，

卻經不起平淡。

有小三不一定家庭破碎，
娶老婆不一定家和萬事興。

男人是野生動物，
女人是築巢動物。

男人生育年限不封頂，
女人生機四十漸渺茫。

男人難免逢場作戲，
女人不許花枝招展。

十個男人生了孩子九個乖，
十個女人死了老公九個壞。

男人越老越會把老婆忘記，
女人越老越會顧著老公。

女人說要離婚，說已經冰過頭，會這樣不是一日之寒，
男人說到離婚，說女人已經睡過頭，才會該做的都沒做。

男人帶孩子再婚，是每日新聞，聽聽便罷，
女人帶孩子再婚，是重點頭條，追了再追。

鰥夫再娶叫真英雄，時勢再造，
寡婦再嫁叫二鍋頭❶，飢心巨測。

以上，社會的遊戲，男女的遊戲，
要玩，就要遵守規則，
不遵守，是你自己的違規，
玩不起來，是你自己的淘汰。

他知道遊戲怎麼玩，
你也知道遊戲怎麼玩，
Fair enough.

你可以決定你的掃興，
但是你抵擋不了遊戲的進行。

父母要讓孩子知道怎麼玩遊戲，才公平。
這是一種公平教育，
只是父母向來忘了教，
當然，公平不起來啊。

勝的人，不用一兵一卒而勝，
敗的人，未用一兵一卒而敗哪。

❶雙關語，二鍋頭為經過第二次蒸餾萃取後的酒。又為「餓過頭」的諧
　音。

挑水喝

山上有座小廟，廟裡有個小和尚。他每天挑水、唸經、敲木魚，給觀音菩薩案桌上的淨水瓶添水，夜裡不讓老鼠來偷東西，生活過得安穩自在。

不久，來了個長和尚。他一到廟裡，就把半缸水喝光了。小和尚叫他去挑水，長和尚心想何不小和尚和他一起去？兩個人於是合抬一只水桶，水桶擺放在扁擔的中央，這樣分工誰也不吃虧。

後來，又來了個胖和尚。他一到廟裡，就把整缸水喝光了。小和尚和長和尚一看，馬上叫他把水缸的水裝滿。胖和尚於是挑來一擔水，但是立刻獨自喝光了。屢試不爽，生了嫌隙，大家都氣急敗壞。

從此，誰也不挑水。

三個和尚大家各唸各的經，各敲各的木魚，就是不挑水。

觀音菩薩面前的淨水瓶空了，誰也不管，
夜裡老鼠出來偷東西，誰也不管，
一天夜裡老鼠打翻燭台，燃起大火，不能不管，
三個和尚這才一起挑水救火。

大火撲滅了，他們覺醒了。
從此齊心協力，不再沒水喝。

一個團體裡，
我們很少會因為一個人的安穩自在，堅持努力。
但是我們卻會為了一個人的自私負心，擺爛進去。

我們連一個人的安穩自在都做不到，哪裡還顧得及眾人的
觀音廟呢？

我們的家庭，可能有一個很自愛的小和尚，有要求公平的
長和尚，也有照顧自己優先的胖和尚，或其他不同個性的
和尚。我們不至於沒水喝，但是三個和尚爭水喝的戲碼，
總上演。
誰倒垃圾倒得多，
誰吃好吃的吃得多，
誰幫兄弟幫得多，
誰佔便宜佔得多，
誰用資源用得多，
誰特別受寵，
誰對小孩比較花時間，
誰的原生家庭比較健全，
誰念書念得好誰比較聰明，
誰出了菜錢、生活費、房貸、小孩學費，
誰怎麼樣怎麼樣。

一個家庭裡，
我們很少會因為一個人的安穩自在，堅持努力，
但是卻會為了一個人的自私負心，陪葬進去。

我們連一個人的安穩自在都做不到，哪裡還顧得及血肉相
連的家庭？

到最後，大家各做各的，各過各的生活。

最可悲的是，
沒有老鼠打翻燭台，
也沒有大火，
所以我們，從來沒有覺醒過。

關係上癮

1940年代，治療師觀察酒癮家庭，發現Codependency現象：酒癮患者及其家屬之間具有特殊的、相互依賴的關係模式。一開始，治療師假定家屬因為必須要努力協助患者戒酒，必然承擔較多的壓力。沒想到，長時間的觀察卻發現——家屬似乎不樂見患者康復！酒癮者的行為滿足家屬控制、照顧對方的需要，因此潛意識裡期待患者能持續維持酒癮，讓他們照顧；而家屬費心的照顧，同時也滿足酒癮者渴望被照顧的需求。

兩者形成上癮似的互相依賴，以共生的方式繼續生活。

關係上癮，讓照顧的一方感受到被需要，所以他們自動替受苦找藉口，所以他們自願地忍受著；關係上癮，讓被照顧的一方感受到呵護與關懷，所以他們自動替墮落找藉口，所以他們繼續耽溺。

所以當我們看見在親情裡受苦的人：

為了家庭不斷付出，偏偏
老公還是不養家，人牽不走，鬼牽叩叩走，
老公還是沒擔當，沒事不用找他，有事了更不用找他，
老婆依舊不理家，外面八卦的更新速度永遠快過家裡的整理速度，
老婆依舊生雞蛋無，放雞屎有，
孩子依然說起那麼早幹嘛？夜總會還沒開門呢！
孩子一直無業，二老啃光，三餐飽食，四肢無力，五官端

正，六親不認，七分任性，八方逍遙，九坐不動，十分無
用。

所以當我們看見在愛情裡受苦的人：

她說她是善類，卻總遇見敗類，
說謊的，
沒肩膀的，
媽媽寶的，
情緒障礙的，
還動手打人的，
小氣計較的，
借錢不還的，
吃軟飯的，
頻頻偷吃的，
各種型號的爛男人，都有。

他們總是忍受著差勁的對待，選擇原諒，
他們總是願意抱怨著對方的壞，說自己很笨，
他們怎麼看，都是執迷不悟的受害者。

我們搖著頭，說他們家庭宮不佳，
我們嘆著氣，說他們愛情運不好。

我們在親情裡，有一種付出，令人動容，
我們在愛情裡，有一種付出，令人動容，
我們喃喃祈求愛的人，變得更好，
卻從來沒有想過，
萬一他們變好了，我們往哪裡付出？我們怎麼令自己動

容？

我們以愛為名，患了一種被需要的病。

我們以愛為名，養了一個個使勁使壞的他與她。

他們繼續墮落，我們繼續付出，

他們不能沒有我，我啊我怎麼可以因為受苦沒有道義沒有
良心毫不賢慧轉頭走人？

對於這輩子是來還債還是放債的主題，我們各有說不完的
苦衷，

卻沒有想過墮落的人的墮落，來自於付出的人的付出，

還債或是放債，都不是單向，

關係上癮，讓你我，各取所需，各行其是。

・關係上癮・

配不配

他們說，選丈夫，
最好是要選和自己相配的。

如果真的不相配，
那也要選個自己敬佩的。

以上都不行，
最起碼得選個可以交配的。

妳說這最低限度，聽起來非常不堪，很低級，
把人當動物似的。

可是當原始行為有難度的時候，
女人可能會
落跑。

清乾隆，山西有個姓李的男子，娶妻陳氏。
陳氏因丈夫性無能，忍受不了，時常跑回娘家。
有一次，陳氏又跑回了娘家，被父親陳繼善親自送回了夫
家。不料，陳繼善前腳一走，陳氏後腳跟著又跑了回來。
一怒之下，陳繼善將女兒活活勒死，然後自己上吊。

就算現代父親不是陳繼善，
女兒沒被勒死，也活得不健康。
不是心理不健康，就是關係不健康。

萬不得已，
女人還可以
搞累自己。

清朝青城子《志異續編》記載，一女子年輕的時候守了
寡，每當夜深人靜，把燈熄掉以後，就把銅錢往地上一
灑，然後拿著布口袋蹲下來，趴在地上一個一個撿，一個
一個數，摸黑撿到了兩百個銅錢的時候，人差不多累得筋
疲力盡，那時候就能睡覺去了。

沒有撒銅錢的條件，
也有平價的累法。

古代婦女苦守空閨時，為了熬過漫漫長夜，於是把紅豆綠
豆灑滿一地，一粒一粒地撿，一粒一粒地挑，紅豆一處，
綠豆一處，撿完了，挑完了，天也亮了。

搞累自己，
萬不得已。

清代沈起鳳的《諧鐸》有這樣一則故事：一個老太太十七
歲出嫁、十八歲丈夫過世，留下她和肚子裡的孩子，一直
守節到八十多歲兒孫滿堂，博得村子裡貞節的好名聲。老
太太快死的時候，召集家裡的女眷們，告誡她們說，雖然
她是守寡模範生，將來不論是嫁出去的女兒或者討進來的
媳婦兒，如果丈夫死了，請她們特別注意，這寡啊，不是
人人都能守的，能守則守，不能守趕緊改嫁去。因為她年
輕守寡時，曾有一遠親來訪過夜，她半夜心動難忍，不斷
在兩人的房間外來回踱步，她深刻明白守節的痛苦。命子

孫們記錄下來以惕後代，人性之事切不可勉強，這才含笑
而逝。

他們說，選丈夫，
最好是要選和自己相配的。

如果真的不相配，
那也要選個自己敬佩的。

以上都不行，
最起碼得選個可以交配的。

妳可能有一個相配的丈夫，
或者一個敬佩的丈夫，
或者一個交配的丈夫，
或者妳是一個曾經有丈夫的女人，
或者是一個自己也很費解的單身貴族，
都不得不承認這該死的最低限度，是切膚之事。

我們笑話最動物性的事，最容易上手，
沒想到，卻最棘手。

女人尚且感覺棘手，那麼此事之於男人，
妳，還笑話嗎？

三窟

男人，有一個固定不變動的家，不論婚嫁。

女人，婚前，有娘家，婚後，有婆家。孩子出生，有了自己的家。

狡兔有三窟，狡猾的兔子尚且要找三個窩，才能高枕無憂。

女人有三窟，三個一生安身之處。

娘家，結了婚，娘家成了外家，能關心，卻不能介入。若是婚姻發生變故，回到娘家，女人像是外人。

婆家，結了婚，夫家成了本家，該徹底融入。但是一論及利益相關之事，站在夫家，女人還是外人。

生了孩子，有了自己的家庭，創造自己的繁衍家庭。一旦孩子長大成家，女兒嫁了是別人家的，兒子娶了老婆是忘了媽的，自己一手創造的家庭，再度成空。

女人婚前二三十年，努力負起身為女兒的責任，孝順父母、養家，甚至委屈自己，婚後卻發現自己原本在娘家的位置，已經模糊。

女人在婚姻中一輩子，努力扮演好媳婦的角色，善待公婆、持家，甚至委屈自己，最後卻發現自己盡力在婆家的位置，仍待商榷。

女人在繁衍的家庭中一輩子，努力做好妻子、媽媽的身

分，照顧丈夫、教育孩子，甚至委屈自己，老了之後卻發現賣命經營家庭的位置，那麼孤單。

女人有三窟，三個一生安身之處。
雞蛋看起來在不同籃子，似乎很有保障。
但是她卻惶恐難安，到底哪個籃子有她真正的位置？

娘家，回不去了，
婆家，各成派系，
孩子家，漸漸隔離。

曾經，女人對每一個家庭都有很重的期待，
做最大的付出，
調整自己讓它成為心中最重要的位置。

多年之後，
發現自己身為女兒、媳婦、妻子、媽媽不同的位置，
可有，可無。

女人有三窟，
一輩子，
能安其身，
難安其心。

對象vs.偶像

對象是人，會吃喝拉撒。
偶像是神，要絕對光鮮。

對象講務實，
偶像求浪漫。

偶像會學徐志摩說，
妳以為妳用鋸子般拉扯的是什麼？
是我肉做的心。

妳看了好感動，說女人一生中就該遇到一個徐志摩，才叫
真正戀愛過。

對象會說，
那請妳千萬千萬記得，要學林徽音，嫁給別人。
這樣他的心，十年後還是肉做的，不會變鐵石。

偶像說，
妳是我生命中的一部分，
妳是我身體中的一部分，
如果沒了妳，
我就活不下去。

對象說，
妳以為妳是他的回憶，和心頭的一塊肉，
其實妳是他的失憶，和盲腸、闌尾這類割掉也沒有關係的

玩意兒！

偶像說，
妳是我的兩個輪子，帶我看這無止盡的世界。

對象說，
妳是他的兩個輪子？他是叫妳能滾多遠就多遠。

要維持完美，就要遠離真實，才能演得漂亮。
偶像是一種標準，與一種完美。

我們的人生不能活在一種標準和一種完美之中。
我們的伴侶也不可能存在一種標準和一種完美之中。
所以當我們選擇伴侶，
應該是一個對象，而不是一個偶像。

對象可能善良樸實，嫉妒刻薄，心直口快，心機狡猾，愚
蠢可笑，有情有慾，有善有惡，有美有醜，奇特又複雜的
結合。

偶像永遠光鮮，美麗，善良。

在感情裡，
我們常常愛的是偶像，不是對象，
因為一旦愛的人的行為與態度與我所要的背道而馳，
愛，會慢慢消失，殆盡。
說穿了，
是他不符合妳的欲望、希望與夢想。

我們矢口否認我們的偶像情懷，
但是當伴侶不夠理想，
我們常常，愛不下去。

我們心知肚明我們擁著一個對象生活，
但是不知不覺用偶像的標準，丈量。

對象 VS. 偶像

多重伴侶婚姻

西方學者O'Neil說，

當我們嫁娶一個人的時候，不只是嫁娶了一個人，而是嫁娶了很多人。因為對方會隨著時間、年齡和情境而改變，所以我們嫁娶的，不只是當時的那個人，我們嫁娶了的，是對方整個人生。所以當他人生中不同的面貌風格呈現出來時，我們事實上是在與不同的他，互動往來。

這就是所謂的多重伴侶婚姻。

如果兩個人都有這樣的共識，這樣的多重伴侶關係，就像每個人內嵌一個Discovery Channel，應該是很有趣的探索之旅。

要當一名出色的探險家，要有體力，有準備，有後援，有好奇心，高度的反應力，和聰明的頭腦。

光負責維持一個家的所有費用，房屋貸款、汽車貸款、管理費、水電瓦斯費、家具家電用品的添購、飲食雜貨的採買等，還要包辦房子的維修和養護，屋簷下的衛浴、廚房、臥室、客廳、儲藏室等環境衛生的灑掃。

東扣西扣，我們沒剩多少體力，所以探險？又不是傻子。

我們光體力，就注定成不了優秀的探險家。

所以，每一對夫妻的相處與生活，沒有什麼好驚奇的發現，都是柴米油鹽醬醋茶的複製，走著八九不離十的軌跡。

沒有什麼，好值得稱羨的。

只是我們總忍不住忍不住，稱羨起別人的幸福。
就算是近距離相處的家人，我們都可能認為誰的婚姻看起
來比較幸福。

我們看不進別人的心裡，所以他們的生活，少了灰灰濛濛
黑黑白白的情緒，總是繽紛了點，總是美麗了些。

婚姻承諾了家人不變的關係，我們於是不再特別花心思去
經營。就算是多重伴侶婚姻點出了——我們可是嫁娶了對
方整個人生哪！不會輕易改變的關係，與被生活榨到所剩
無幾的體力，讓我們提不起興趣當個探險家，倒是比較像
會成為哲學家，因為婚姻路上，我們慢慢變成不說話只作
伴的境界。

是啊，即便是多重伴侶的關係，我們最後達到的境界，或
者默契，是讓我們在寂寞中的寂寞，修練。

每個人對婚姻的期待不同，對幸福的感受也不同，如果問
題得回歸到對方是不是對的、合適的人去探討，多數的人
用一輩子頂多知道的是，已經習慣有這個人了。至於對不
對？適合不適合？是一個不好回答的問題。

貌不貌合？旁人都看得出來；是不是神離？是夫妻之間不
能說、不可說、不必說的祕密。

女人的心底，還是藏著想要幸福一輩子的祕密。

所以她認為，
幸福，是關乎一輩子的事。
不幸福，也是關乎一輩子的事。

所以她，耿耿於懷一輩子。

她或許認同她嫁了對方整個的人生，
也有意願去和他整個人生面貌互動，
但是她沒有辦法安慰自己說，
幸福是一時的，不幸福也是一時的，
慢慢走向婚姻中的哲學家，是正常的，
所以她不用慌，更不必怨。

她可能淡定、睿智且理性地回答你，
婚姻不管內裡如何，我都得對自己的人生，有一個交代。
希望走到白頭，會是一種圓滿，也是一種交代。

把幸福高估、也把不幸福看得太嚴重的她，
就算在多重伴侶婚姻裡，也不會改變她一輩子的怨念與悲
哀。

近廟欺神

孔子說，
唯女子與小人為難養也，
近之則不孫，遠之則怨。

女人和小人都一樣不能靠近，
因為一對他們好，他們就爬到你頭上，欺負你，
要是遠離他們，他們便又生氣，怨恨你。

他們說，孔子的這一番言論，絕對不是字面上這麼簡單。
因為如果照字面上面解釋，那麼孔子豈不是歧視女性？
孔子豈不是成為男尊女卑的始作俑者？
這樣的孔子，顯然不是聖人應有的水平。

他們說，這裡的女子，與女性無關，指的是陰險狡詐的
人。
他們說，這裡的女子，若與女性有關，絕對不是泛指所有
的女性，而是指人格上未成熟的。這樣才不會一竿子打翻
一船人，孔子也才不會罵到自己的母親大人。

孔子終生致力於治世、教育、教化百姓。
治世、教育、教化百姓，要靠務實的管理制度，不是一套
空談。
所以孔子徹徹底底是一位經營管理的專家。

一位出色的經營管理者，
如果不了解人性，難以服眾，

如果不去蕪存菁，難以成大局。

他們做的事，與歧視無關，心心念念的是整體性的改善與發展。
點出女人與小人的問題，就是要去改善與發展。

女人的問題無法改善，家庭怎麼發展？
小人的問題無法改善，國家怎麼發展？

問題無法改善，勢必無法發展，管理者最後必定大刀闊斧——去除禍源，保留空間給有機會的其他。

孔子休了他的妻。

所以女人不可不慎這樣的毛病，
2600年後的妳，或許沒被休，
不過不表示這些問題，不嚴重。

如果當老公在身邊時，
妳不是嫌棄他，就是無視他，還不時有一種一天不惹毛他就渾身不對勁的毛病。
如果當老公不在身邊時，
妳心底對他的依靠這才突然變得鮮明、具體、重要，閨怨了起來。

那麼，妳的症狀，
2600年來，保留得很好。

近廟欺神，所以北港媽興外境。

妳不信妳家的廟，
當然他媽的不爽就靈驗不起來啊。

女人不能靠近，
但是又不能不靠近，
孔子被不信過，
所以他很清楚，
這世界上的男人，
被家裡的女人搞得多麼力不從心。

他在外面，有點轟動，有點了不起，
如果不是家裡搞得他不爽，
他就能弄得更轟動，更了不起，
要是能專心攘外的話，
怎麼會只有今天的一咪咪？

養，不難，
養女人，難。
2600年前，孔子就哀歎過。

靠山

女人，
一輩子，總要找一個依靠。

最好，
像山一樣，穩重，可靠。
沒想到男人的山不像山，
三不五時，有土石流，
嚴重一點，還會山崩。

大多數的男人只是長成大人的小男孩，在成熟男性的身軀下，包裝著一個還不成熟的男孩心靈，終其一生，都在偽裝。

他成長過程中，沒有一個帶領他進入內心深處的典範，
所以他，也不知道如何紓發自己的情緒，
所以他，也不知道要如何親近他人。
不知所措，偽裝，
疑惑，偽裝，
麻痺，偽裝，
失落感，偽裝，
恐懼，偽裝，
要理性，Yes Sir，
要積極進取，Yes Sir，
要成功，Yes Sir，
養家活口，Yes Sir，
傳宗接代，Yes Sir，

光耀門楣，Yes Sir，

你有父母的期待，
有家族的期待，
還有社會的期待，
那你自己的期待呢？
你說你也不知道，
你一天到晚都在煩心，
煩工作，煩孩子，煩責任未了，
所以，你真的不知道。

甚至你也說不出來，
自己最深處的情感世界，
是一片無人能觸及的情感森林。

肩上承受的擔子有多重，
內心的恐懼與無奈就有多深。
害怕，
無力，
無從說起，
所以，男人關閉起自己。或者，用憤怒武裝他的悲傷。

男人在滄桑後逐漸明白，
年輕時候所接受的剛強、保護者與提供者的男人形象，
在現實生活中，根本施展不開來。

女人期待找一個能照顧自己的男人，
男人如果早就習慣被照顧，
他還是要找一個能照顧他的人，

男人如果過去總是照顧人，

那麼在親密關係中，他可能會變成一個吝於付出、匱乏的

人，因為他想要彌補過去歲月他缺乏的呵護。

所以女人期待找一個能照顧自己的男人？比天方夜譚還有

難度。

更何況，

每個男人心底可是住著一個未成熟的男孩哪。

男孩當然就會有幼稚的三流想法啊，

看到自己的小孩，眼淚流，

看到自己的老婆，鼻涕流，

看到外面的女人，口水流。

男人，

在現實生活中，根本無奈得可以。

從小到大，男人被訓練成要當一個靠山，

從小到大，男人很害怕自己不像個男人，

從小到大，男人偽裝。

他們說Yes Sir，他們善於承諾，但是拙於負責。

最好，

他們能像山一樣，穩重，可靠。

但是男人也沒想到，他的山不像山，

有時候，會土石流，

恍神一下，還會山崩。

他還是給女人這麼樣一個忠告，

一輩子，終歸還是要找一個依靠才好。
只是男人啊，
可依，不可靠喔。

啟蒙

總是在時間過後，我們才發現自己啟蒙得太晚。
總是在時間過後，才發現我們有許多視野的死角，有許多糾結的死腦筋。
總是在時間過後，才發現自己錯過了太多。

總是在錯過北一女之後，才發現自己啟蒙得太晚，
應該要好好念書的，小時候我也當過班長啊，念書有什麼難的。
總是在錯過好男人之後，才發現自己啟蒙得太晚，
既然好男人打著燈籠都找不著了，我應該要吊滿燈籠，裝上LED燈泡的。
總是在錯過好工作之後，才發現自己啟蒙得太晚，
應該要善用關係，為百斗米，為什麼不折腰呢？
總是在生下孩子之後，才發現自己啟蒙得太晚，
應該要戴套的，最好是先確定名分。
總是在孩子受了傷之後，才發現自己啟蒙得太晚，
當初當小孩受的傷害怎麼又讓孩子跌了一次？當初沒受的傷竟讓孩子受苦？
總是在吃過高檔魚翅之後，才發現自己啟蒙得太晚，
應該要好好存小錢，當一天有錢人總是勝過當一輩子的窮鬼啊。
總是在遇見唐三藏之後，才發現自己啟蒙得太晚，
男人就是男人啊，豬八戒怎麼會變唐三藏？
總是在娶了妳之後，才發現自己啟蒙得太晚，
如果妳不先變身蜘蛛精，我其實對妳的賢慧，也不會有要負責的感覺。

總是在用過名牌之後，才發現自己啟蒙得太晚，
佛都要金裝了，我怎麼會傻到沒有辨識度？
總是在曉得情趣之後，才發現自己啟蒙得太晚，
把自己的人生搞得那麼緊繃，在愛我的人面前當滅火器到
底是為什麼？
總是在曖昧過之後，才發現自己啟蒙得太晚，
擦槍走火這檔事，還真的是一個銅板打不響。
總是在道貌岸然之後，才發現自己啟蒙得太晚，
憂心他人的不足、煩惱他人的責任若不是世界上最自我墮
落的藉口，就是最高明的政治手段。
總是在失敗之後，才發現自己啟蒙得太晚，
失敗為成功之母這件事可以聽聽但不可以去做，因為失敗
了根本就爬不起來啊。
總是在賠了錢之後，才發現自己啟蒙得太晚，
人生賺第一桶金很容易，但是要存下最後一桶金，唉。
總是在分手之後，才發現自己啟蒙得太晚，
談錢傷感情，但是談感情最他媽的傷錢哪。

我們的人生總是啟蒙得太晚，如果沒有紀錄下來，沒有教
育下去，
那麼我們不斷重複千金難買早知道，
到底有哪門子的意義？

人生有很多事情，學校沒有教，老師沒有教，父母也沒有
教，
我們只能跌跌撞撞，且戰且走。或者，舉白旗投降。

但是，
學校講雞講鴨，才不管你講鵝，

啟
蒙

137

老師生癬生瘡，才懶得理你生癩，
爸爸管天管地，就是不大管事，
媽媽啊媽媽，
家裡妳持股50％，如果妳好好運用，
那這個家就會撐得住，
如果加上爸爸用心，持股過半，
那這個家就會穩固。

媽媽啊媽媽，
不要再問孩子又不是只有妳生的，為什麼妳要一個人撐
起？
因為我們的人生，都啟蒙得太晚，錯過得太多，
所以我求求妳，
讓我早一點啟蒙，
不要再像你們，錯過太多。

你們的人生，無法重來，
而我的人生，承受不起失去。

請你們，啟蒙我，
不要，矇我。

眼光太高

她至今，小姑獨處。
仍在適婚年齡正常範圍，指數偏高，
不特別漂亮，但笑起來很甜，
對朋友體貼，對家人大方，
念書時候的同學差不多都嫁光了，
比她矮的，比她醜的，比她胖的，
脾氣比她壞的，
通通嫁掉了，
還有嫁了三次的，越嫁還鑽戒越大顆，
還沒嫁的，
只有她，
甚至連個交往的對象，
也沒有。

他們說她眼光太高。

她再三澄清，
她不過想找個順眼、談得來的人哪。

哪知道順眼的，話不投機，
有話聊的，又不對味。
順眼又聊得來的，Occupied。

所以她，至今連個交往的對象也沒有。

他們說她，眼光太高，要降低標準。

因為，男人的條件有一個公式如下，
又帥又有錢，騙的，
又有錢又有才，老的，
又帥又有才，窮的，
又帥又有錢又有才，Gay。

唉。
看來她很笨哪，人家設定這麼高條件，不好找是正常，
她提出這種上不上下不下的條件，還找不到，真的很遜。

還有學者呼籲，現今社會越來越多女性選擇單身或晚婚，
男性娶外配的比例日漸增加。

吼。
這樣說來，好像男性找不到老婆的社會問題，出在像她這
種女人身上。

怪她也沒用啊，大聲呼籲也沒用啊，
該認識的，去認識了，
不該認識的，也試過了，
成不了，難道叫她跳海？

唉。
不是她眼光太高，
也不是她念了點書以為條件好了。
更不是她選擇單身或晚婚，
是她，被選擇了。

如果有一天面臨

尼姑庵和一個男的的選擇題，
她，還談什麼選擇權？

當一個女人不再妙齡，
眼光太高，
只是約定俗成的官方說法。

「留著晒乾？」
旁人搖頭的搖頭，
嘆氣的嘆氣，
冷笑的冷笑，
不約而同，下了註解。

唯一

唯一，是世界上獨一無二。
唯一，充滿Special的味道。
唯一，和不勝枚舉，是兩端。
第一，和最後，是兩端。
醜女，和美人，是兩端。
皇帝，和奴才，是兩端。
善良，和邪惡，是兩端。
快樂，和痛苦，是兩端。
餓，和撐，是兩端。
端點，是沒有空間的地方，除了退回，沒有餘地。
人生都不應該走向極端，
唯一，就是極端。

她說他是她的唯一，儘管眾裡尋他千百度，儘管擇木而
棲，半百人生，沒有他，就不完整。不能獨享他，就不完
整。
她餵了他安眠藥，頭、手、頸佈滿她難以唯一的瘋狂。
隨即，她縱身而下，留下兩個破碎的家庭。

他說她是他的唯一，儘管曾經菸酒不離手，儘管曾經沉迷
賭博，為了她，戒。為了她，言聽計從。感情破裂，他跪
著求她原諒。
他不離開，說「如果離開，就不活了！」
她報了警，說「即使你死了，我也不會流下一滴眼淚！」
趁亂，他一刀揮向她，妹妹，和她母親。
因為，她們阻擋了唯一。

他說她是他的唯一，儘管她說了緣分已盡，儘管他苦苦哀求，她，沒有他，正常上班工作，而他卻那麼難過。
他堵住她，希望她繼續當他的唯一，她卻說救命。
他一刀劃向她的頸動脈，她不治。
他的唯一，急救無效。

她是他的唯一，唯一卻戀上別人，儘管他曾經希望她最開心，但是現在他很痛苦。
看著她和現任唯一騎車經過，他踩下油門。
雙雙倒地，他想起曾經的唯一，
回頭，再踩下油門。
唯一變調，人命變調。

每兩天，就有一起情傷，與情殺。
每個月，至少三件因情殺人未遂、殺人致死的案件。

唯一，讓我們沒有退路。
唯一，讓我們不能接受如果沒有你。
唯一，讓我們再走下去，就碰壁。

我們讚嘆唯一的愛，
卻忘了防範極端的愛。

不要追求唯一，
因為故事中的他，與她，
就是我們極端的模樣。

‧唯一‧

認識自己

我們都說，要認識自己，接受自己，才會懂得欣賞自己，
珍惜自己。
要認識自己，就要有意識地打開感官。
所以我們照鏡子，對我們的眼睛、嘴巴、鼻子、膚色等，
瞭若指掌，如果要畫出我們的喉嚨，拿起鏡子細看，你也
沒有問題。
但是如果要你認識自己的性器官，
你感覺噁心，
護理老師說畫自己的性器官當作業，
你一聲變態，
你，很不自在。

你不斷探索自己，避開隱晦的、神祕的，就算那是自己的
身體。

所以性器官的認識、生理發育、性反應、生殖等，停留在
學校課本，
所以性慾、性向、戀愛、性心理狀態，是只能自己摸索的
隱私，
所以性病、異常性功能、性功能障礙，是不可說、羞恥的
印記，
所以性騷擾、性侵害、性暴力，是潘朵拉的盒子，打開了
會有不幸。

教科書，該說的都有說，
不過一考完試，沒有人想得起來，書上教的有哪一條可以

應用在實際生活中？

父母，該提醒的，好像也有提醒，

不過一面臨抉擇點，腦袋空了起來，他們說的都一樣，可我面臨的情境複雜多了，設想的又不一樣，上下台詞對不起來啊，亂了套。

所以，她當然知道月經，

但是她搞不清楚陰道和尿道。

她們說衛生棉條非常好用，她用了卻痛不欲生，原來是放錯地方。

所以，他當然知道陰莖，

但是他不知如何洞房。

他們說用最硬的地方撞新婚妻尿尿的地方，隔天他死了，他一頭撞上馬桶。

人生有很多笑話，

來自於我們的無知，

人生有很多悲劇，

來自於我們的無辜。

我們好奇自己，有認識自己的必要與需求，

性是我們身體的一部分，好奇與認識，都是有必要，有需求的，

但是一提起，

我們不習慣，

我們尷尬，

我們不想談，

甚至，他們說，我們要有廉恥心。

我們對性知識考題的答對率，可能達到七成。但是實際性知識的程度，遠遠不及格。

男人對女人的懷孕分娩、避孕方法，不甚清楚。

女人對性慾、性反應、性病，也是只知其一。

知識程度我們不如人，但是行為勇氣，從不輸人。

父母可能到了知命之年，性知識還是掛零，

就算掛零，也不影響他們上了車，他們補了票。

孩子不過才二八，性孕已經無法擋，

就算無法擋，也攻不破流言蜚語，也攻不破經濟難關。

我們還來不及認識身體，但是生命已經走前一步。

父母先搞出人命還怪孩子怎麼這麼不小心的例子，

一堆，

父母嚴格專制說沒有什麼好溝通的命令女兒要潔身自愛兒子要自我負責的，

一堆，

父母交由老師、學校教導，放任孩子從朋友同學、第四台、網路、兄弟姐妹知悉的，

一堆，

父母無法和孩子正經談性卻成天大言不慚問候人家媽媽和生殖器官的，

一堆。

父母認識自己的尺度不開，子女的生命選擇，受限。

天底下沒有比父母更真實的老師，如果他們願意真實的話。

我們不認識自己，也不熱愛自己身體的每一部分，也不懂
得傾聽自己的身體的感覺，
我們從來不是自己身體的主人。
所以男人，用女人來認識自己的身體，
所以女人，因男人而認識自己的身體，
透過別人認識的自己，患得患失，
有可能踩到自己的底限，有可能超出對方的底限，
更有可能，我們根本不知道底限在哪？
我們不珍惜自己，也就不懂得珍惜別人。
我們不珍惜自己，也就不懂得保護自己。

認識自己，並不好玩，
就像健康檢查，
不檢查還好，至少照常運作，
一檢查，可能就像骨牌效應，很多地方哩哩啦啦，壞得很
正常。
一治療，東也壞了，西也散了。

幸好，
有問題的問題，好解決，
沒有問題的問題，向來都是最大條的。

如果不大條，
我們幹嘛偷偷摸摸、鬼鬼祟祟、欲言又止，
不敢聽又很愛聽，不敢看又很愛看，敢做又不敢當，這麼
不自然？

不自然但求身心健康？
我們的人生，總是做著爬到樹上去找魚的事，祖有明訓，

所以你也爬，他也爬，兒子爬，女兒爬，通通爬，從來沒有人要承認，樹上沒有魚耶，憨孫，別再爬了！

天下的媽媽都是一樣的

天下的媽媽都是一樣的，哦，天下的媽媽都是一樣的，
天下的媽媽都是一樣的，哦，天下的媽媽都是一樣的。

雖然有我很歡樂，小事芝麻綠豆大，
我的媽媽從來不放假，天天要上火。
爸爸是她的管轄，看不順眼做不上心，
樣樣她都挑剔不撒嬌，她是我媽媽。

從小被教導要配合，不吵不鬧我最聽話。
不要以為這是教子有方，她最期待老公讚美。
媽媽我希望妳，不要把爸爸擺最前面，
雖然我考試常常得第一，妳還是眼巴巴看著老公背影。

天下的媽媽都是一樣的，哦，天下的媽媽都是一樣的。
天下的媽媽都是一樣的，哦，天下的媽媽都是一樣的。

不管阿姨或姐姐，不管生意應酬或朋友小酌，
來個女的她就緊張兮兮，我永遠不會忘記。
將來有那麼一天，爸爸就算不回家，
掛在我心底不變的位置裡，是媽媽我愛妳。

天下的媽媽都是一樣的，哦，天下的媽媽都是一樣的。
天下的媽媽都是一樣的，哦，天下的媽媽都是一樣的。
啦啦啦啦啦啦啦啦啦。

不管生病苦痛，不管身體屢弱，

只要爸爸找了媽媽，媽媽臉上開滿花。
感情是她的溫度計，高氣壓還是低氣壓，
心情預報很準變天很快，她是我媽媽。

從小常常看妳委屈，媽媽我會當個懂事的孩子，
別管阿嬤阿公阿爸其他讓妳憂愁的人，我只要妳快樂。
媽媽我很感激妳選擇帶大我，雖然婚姻讓妳放棄很多，
就算日子不是妳理想的樣子，我希望妳可以因為我快樂。

天下的媽媽都是一樣的，哦，天下的媽媽都是一樣的。
天下的媽媽都是一樣的，哦，天下的媽媽都是一樣的。

不管爸爸是不是阿斗，不管爸爸是不是帶小阿姨回家，
只要有我妳永遠不會孤單無依，妳永遠不要忘記，
就算將來有那麼一天，爸爸成不了氣候還不回家，
掛在我心底不變的位置裡，是媽媽我愛妳。

天下的媽媽都是一樣的，哦，天下的媽媽都是一樣的，
天下的媽媽都是一樣的，哦，天下的媽媽都是一樣的，
啦啦啦啦啦啦啦啦啦。

紅顏

她以為只要努力，
即便錢少事多離家遠，
即便三年五載，
即使過勞透支，
將來有一天，
口袋會飽滿，
心情會輕鬆。

雖然不是不擔心明天，
但是她更相信只要努力，就算打著赤腳也能海闊天空，
雖然不是不知道富貴貧窮，
但是她想念了點書、有個工作、吃得飽、有遮風避雨的住
處、穿得暖、有個尪、生個小孩、有口飯吃，生命延續就
能滿足。

哪知道小角落的滿足，並不滿足。
哪知道天高得她搆不到，
地深得她掘不著。

努力就能積累小小的財富，
仍是千古不變的定論，
這樣的財富，能脫離貧窮，
但是，
也富不起來。

社會流動，

原來是讓我們在更大的小池子裡，
有更大的空間，
看著別人肆無忌憚的擺動推進，一身優雅的前進，
對比，自己遠遠落後的，搏命一游。

如果我們堅持、接力，說不定哪一棒，能靠近一點點，
如果我們洩氣到底，每一棒都只是虛應故事而已。

妳把堅持當作無法破除的詛咒，把接力當作今生努力的無效，
妳說妳不是紅顏，
命卻很薄。

她以為只要賢慧，
即便尪偶爾情緒失控，
即便孩子嗷嗷待哺，
即便毫無自由，
將來有一天，
幸福會到來，
油麻菜籽會落地生根。

不是不曾累到想要離去，
但是她更相信只要賢慧，就算不甘命運安排天公也會疼憨人，
不是不知道娶到歹某恰慘過三代沒烘爐，四代沒茶古，
但是她覺得顧了三餐、顧了厝內、大家有得穿、有得用、孩子有書念、能夠好好長大、找個工作、嫁娶完成，那麼盡心維持家庭完整的她，就是好某。

哪知道沒有崩解的完整，並不完整。
哪知道傷害隱蔽得她想像不到，
疏忽多得她細數不盡。

賢慧就能經營小小的幸福，
仍是千古不變的定論，
這樣的幸福，能擺脫痛苦，
但是，
家，還是興不起來。

一旦有了家，
妳不再是一株開花的樹，用一生等待他的回眸。
妳是讓將帥能運籌帷幄、軍隊能休養生息的機密重地，
目的是永世的太平，而不只是一戰的勝利。
這一代的勝利帶來子孫的失敗，還是敗，
這一代的失敗換得子孫的勝利，就是勝。
更別說，這一代的失敗，導致世世代代的失敗，是千古之
罪。

妳將烽火當作煙火，將眾人的休養生息當作妳的歹命，
妳不是紅顏，
卻是禍水。

賊船

妳說妳上了賊船，
非常焦慮，
非常後悔，
心情，再好不起來。

怎麼知道他是一個缺席的父親，總是工作，總是沉默。
怎麼知道婚姻生活全然走樣？
怎麼知道我的好言好語，他就像重聽，一定要逼得老娘發
威，才有反應。
怎麼知道他就會花天酒地？頻頻外遇？
怎麼知道我完全是個老媽子、煮飯婆、黃臉婆、還專吃剩
菜、撿魚頭吃。
怎麼知道他的父母是我的父母，我的父母還是我的父母。
怎麼知道責任都在我身上，權利都在他身上？
怎麼知道孩子一生病賺的錢都不夠用？
怎麼知道忙著賺錢會變成沒有時間顧小孩的壞媽媽？
怎麼知道婆婆一天到晚小動作不斷，到底是吃醋還是嫌棄
我配不上他們家，我已經連想都懶得想。
怎麼知道媽媽的黑暗真心話是──上班比帶小孩輕鬆多
了？
怎麼知道孩子不能用功念書，也可能是沒錢栽培的緣故？
怎麼知道孩子窮會被笑，笨會被欺負，有錢會被騙？
怎麼知道孩子之間竟然吵架，手心手背都是肉啊。
怎麼知道公公婆婆偏心其他妯娌，比較大家的成就，每年
過年就是暗潮洶湧。
怎麼知道公婆偏心其他孫子，連買糖也跳過自己的小孩？

怎麼知道存了錢就買不起房子，買了房子就存不了錢？
怎麼知道出門隨時要向老公報告，電話沒接就會被罵？
怎麼知道洗衣機總有堆積如山洗不完的衣服？
怎麼知道連買個1000元的衣服犒賞自己都要考慮再三？
怎麼知道每個月都要緊張下個月的帳單？
怎麼知道小孩子的功課和作業怎麼看都是媽媽該負責，今天該上鋼琴課或者游泳課都是媽媽的安排？
怎麼知道地板一個禮拜有沒有擦都應該列入行事曆裡頭。
怎麼知道會一天到晚擔心孩子在學校有沒有守規矩、有沒有和哪個同學心生嫌隙？
怎麼知道他不是跟我唱反調，就是當啞巴，還說我的地雷一天到晚在爆？
怎麼知道他不是在家一條蟲出外一條龍，就是在家一條龍出外一條蟲？
怎麼知道週末好不容易出門也會弄得老的不高興小的不高興，我是招誰惹誰？
怎麼知道看起來每天有很多時間在家，卻永遠不得閒？
怎麼知道媽媽是一個寂寞又辛苦，24小時待命，讓人抓狂的工作？

唉，
日子很煩燥，
關係很緊張，
活著，很沒意思。

失眠，
暴飲暴食，
憂鬱，
神經衰弱，

事情又來，
困擾一波一波湧至，
胃酸上升、腎上腺素高了，可體松過量，
不是正常時間與狀態的分泌，

妳，身心失調。
病了。

專家警告說，再這樣下去，
免疫系統下降，
記憶力下降，
還容易變胖，
冠狀動脈阻塞，
可能致癌，可能致死。

Hey, you，
人生始終，無可奈何，
並不是進入婚姻才如此，
知其無可奈何，妳就只有安之若命。
安字，是一個房子裡頭有個女人，自古以來男人追求的目
標。
安內，妳是百步穿楊的箭，
奈安呢？妳就是千夫所指的靶。

繼續病，就是早死而已，
要是下了船，還有人虎視眈眈妳的寶藏。

反正都上了賊船了，
何不做個成功的海盜？

教材

表哥罵媽媽是作賤女、偷客兄，

媽媽罵爸爸沒路用的查甫郎，說她要去死死詼，

兒子跟父親嗆聲，我就算在外面餓死了也不回家，

弟弟說姐姐，不是跟我們姓的人，沒有資格管家裡的事。

哥哥說他愛怎麼吃喝玩樂是他的事，老子也管不著。

弟妹嫌姐姐不出嫁，多了雙筷子吃飯。

婆婆指著媳婦的鼻子說，妳娘家人都那麼沒出息，那麼笨，少聯絡，少帶衰。

長兄說你們女兒不孝，把媽媽丟給我一個人養。女兒們反駁，啊地契財產在你手上，你不養誰養？

阿公說大伯母，一天到晚拿東西回娘家，簡直是養老鼠咬布袋。

二嬸婆一守寡，馬上就嫁了一個有錢的男人，家族長輩昭告天下把她趕出宗祠。

公公把死去婆婆的戒指，當著所有媳婦的面交給嘴巴最甜的四媳婦。他說她老公，是他最驕傲的兒子。

大阿姨年輕的時候，最喜歡穿著低胸裝，就算結了婚，在村子裡男人緣，嘖，從村口排到村尾。

表妹說，呦，沒想到妳老公發達了，連我也不認識了？連喝杯茶的時間都沒有？

姨丈總在大家面前細數別人小孩的缺點，大大讚美自己的孩子。他一走，別人家的小孩馬上被吊起來打。

岳母嫌媽媽沒有念書，小孩一定教養不好，說要不是女兒喜歡，她一定反對到底。

大伯叨念妹夫工作不知道順不順利，怕他賺錢不夠養家，妹夫感覺被看扁。

大表姊笑二表姊想嫁人想瘋了，看到男的就花枝亂顫，到處放電。

嬸嬸說阿姨的二女兒公主病，好吃懶做，還說不好的絕對不嫁，說她嫁了會老歹命，阿姨哭著說她才老歹命。

表哥諷刺宅在家裡的弟弟單身多年沒有女朋友，看他是要去買一個，還是一輩子光棍。

妹妹總是茶來伸手飯來張口也從來不幫忙家事，房間還髒到長黴，臭氣熏天，養了一隻狗，高興時玩一玩，照顧的事就丟給家人，所有人巴不得她快點嫁掉。

三姨丈說阿姨賤骨頭，從裡賤到外，如果不是他還沒死管得嚴，她早就爬牆了。

姑姑說她婆婆一死，她公公總是故意接近她，說他很寂寞。

聽說舅媽結婚沒多久愛上別人，舅舅還因此自殺未遂。

阿姨守寡之後和村子裡的一個男人走得很近，被罵不要臉的狐狸精。

舅媽總誇口她丈夫有多了不起，偏偏大家都看得出來他不過就是個吃軟飯的小白臉。

表姑說他的老公對她非常好，其實大家都不點破他們幸福的婚姻早就成了樣板戲。

堂妹笑話姐姐們滯銷，不過所有人不明白王八配綠豆有什麼好生羨慕的道理？

妹妹不懂姐姐哪裡值得被寵愛，不過就是裝模作樣了點？會做點家事討好長輩？又沒有比較聰明，也沒有特別漂亮啊？

妹妹最討厭爸爸總是重男輕女，還說女生就是賠錢貨，哥哥又胖又懶又笨，她就等著看他的寶貝兒子這輩子怎麼光他的宗、耀他的祖？

表弟一知道向來表現優異的哥哥也會出錯，除了同情，表

小女孩的故事——女人啟示錄

情還有一些高興。

是非是非，討人厭惹人嫌，傷人於無形，不傷也殘，不亂也廢。

所以長輩都說，
切記，莫道人是非。
這是一個家，甚至家族，要運作良好的核心方向。

可你實在不明白，鎮日聽聞的煩心的，就是這碼子事啊？

戒所有是非，是不可能的，
理出是非，建立規矩，方為可行。

是非，是人的問題。
人要毫無是非，前提必須是沒有人。
家庭，是人的問題。
家庭要毫無是非，前提就必須是沒有家庭。

斷除是非，既然是夸父逐日，就應該懂得與日共生，而不是因日而死。

是非，可以點出問題，可以制定相處的制度與規矩，就像在摩天大樓之間擺放壓力閥，讓空間更大，有彈性，讓建築更穩固，能防震，能防災。

就算是非讓彼此有了情緒，有了閒隙，制度規矩都能繼續下去。
要是少了規矩制度，當情緒來了，閒隙多了，家庭可能再

也黏合不起來。

家庭的是非，如果可以借鏡，就可以知道人的是非，到哪
裡都一樣。
家庭的是非，如果不學著好好處理，
面對長大後的世界，我們不是惹事，就是怕事，甚至天真
地說才沒這回事，
從來不明白人的問題，一以貫之。

試著理出家庭的是非，
就算沒有滾滾長江，
就算沒有一壺濁酒，
你也不必英雄氣短，
因為古今多少事，
盡付笑談中。

擠壓你的是非，是古今不變的教材。
我們不教，淨說囝仔人有耳沒嘴，
我們不學，倒是，顧著長舌。

站相坐相

我們會走，會坐，
要說不會走，不會坐，
簡直有點令人發笑。

哪知道我們就算抬頭挺胸，可能挺的是肚子，
哪知道我們就算抬頭挺胸，可能臀部提了，駝背依舊。
原來當骨盆在身體的中心，腰椎、胸椎、頸椎，就可以找
到平衡，
原來當骨盆在身體的中心，肚子縮、下巴收、手臂外旋、
胸口擴開，就可以顯得自然、挺拔。
原來與其抬頭挺胸，不如挺骨盆。

哪知道就算我們坐如鐘，90度的緊張，是腰椎第4、5節的
災難，
哪知道就算我們坐如鐘，會導致骨盆向後傾斜，只好彎腰
駝背和身體妥協。
原來當軀幹和大腿保持135度，椎間盤承受的壓力，最小，
原來當軀幹和大腿保持135度，脊柱能夠自然直立，周圍肌
肉、關節、韌帶能有效放鬆。
原來與其坐如鐘，不如符合人體工學。

不良的站姿，讓我們關節受力不平均，久之，腰酸背痛、
小腿酸麻、抽筋、靜脈曲張及腳拇指外翻等症狀就跟著上
身，甚至還會壓迫胸腔影響到呼吸。如果導致骨盆不正，
會下半身水腫、影響脊椎、內臟功能紊亂失調、便祕、脹
氣、生理痛、頻尿、漏尿、手腳冰冷，甚至女性不孕。

不良的坐姿，讓我們肌肉鬆弛、血脈不暢、身體一旦缺氧就容易無精打采、大腦也會供血不足、心臟功能降低，更別提腰腿痛、關節炎，嚴重一點還會血栓、淋巴阻塞、腰椎間盤突出、脊椎變形、頸椎骨刺、閉尿、前列腺問題，還提高了罹患直腸癌的風險。因為當脊椎神經的信息傳導不好、椎間盤的生理循環和新陳代謝衰弱，就會無法正常輸送營養和清理廢物，長期下來，很多可怕的毛病就會一個接一個Say Hi。

我們就算知道現在不好好走、不好好坐，對將來的健康影響很大，
但是當這些慢性病發生，你可能怪鞋子、怪椅子、怪遺傳、怪當初住的遠所以走太久、怪老闆讓你加班坐得腰酸背痛。

更別提當我們還健步如飛，還慵慵懶懶當個Sofa potato，
錯誤的姿勢讓你感覺不到它的錯誤時，
哪裡有什麼需要隨時注意骨盆的位置、脊椎有沒有被壓迫，這麼自討苦吃？

只要不要檢驗，我們就是歸檔好好啊。
就算證實姿勢不良，我們也是初一十五再喬，
時時注意提臀、縮肛、不翹二郎腿？
你白了我一眼，說你還有更重要的事情要做。

我們有家庭，家庭還會有新的家庭，
要說對家庭沒有概念，
簡直有點令人發笑。

家庭多麼重要，沒有人有異議。因為家庭若不好好經營，可能導致價值觀的偏差、婚姻失和、兄弟姐妹鬩牆、兒女疏離，或家暴、誤入歧途、虐嬰、吸毒、殺人、自殺等悲劇。

所以我們，都不願見到悲劇，也許下承諾要建立一個好的家庭。

萬一悲劇真的發生了，你也認為可能是某某人的個性、基因問題、遺產分配不均、家族失和、住的地方風水不好、祖先的墳沒修好，或者可能一切都是命。因為你，不願見到悲劇，也曾許諾，要建立一個好的家庭。

悲劇要怎麼結束呢？你說發生就發生了，都是過去的事了，其他人還要活哪。

更別提當我們家沒什麼悲劇性的事情，
我們有的問題別人家也有，別人家的失序我們還能看戲，
家庭的問題看來也沒什麼大問題時，
哪裡需要釐清什麼問題的癥結點、訂出解決的方針，這樣自找麻煩？

只要不要檢驗，家庭就是歸檔好好。
就算證實家庭出了問題，我們也頂多初一十五才花心思，
家庭的問題一碰就爆炸，保持距離，你還能擁有一點點平靜。
時時注意問題，建立家庭規矩，保持家庭成員心情像春天、日子像月圓？
你白了我一眼，說你還有更重要的事情要花力氣。

我們的人生有很多根本，
看起來沒什麼問題，
卻經不起檢驗。

我們的人生有很多根本，
就算出了問題，
正視，比視而不見，費力。

差別

如果孩子生長在貧窮的家庭，
你要給孩子快樂，
你要讓孩子忘記貧窮，
因為他並不活在均富的理想裡，
他的世界，依舊笑貧不笑娼。

他在家裡情緒高昂，在外面身分就會高昂，
他在家裡情緒低落，在外面身分就會低落。

現實身分矮人家一截了，
情緒當然就要高人家一截，
這樣他才能和人家，平起平坐。

要給他快樂，就要多鼓勵、肯定孩子，
言語批評他，還強調不打不成器，就是讓他相信他真的有
那麼差勁。
有一天，他也就會證明給你看——他真的那麼差勁。
而這，是你們人生唯一的共識。

阮囊羞澀的你，都要低頭三分了，
倉庫無米的孩子，如何不彎腰九十？

現實的條件，你或許難以改變，
簡陋的住所，
簡單的飲食，
貧乏的生活條件，

如果孩子不以為苦，
他的心就會安，
心一安，就能專心，
能專心，能力就可能發揮。
否則，你就是教出永世的奴隸。
看見家裡的苦，他無從解套，
看見外面的苦，他最後無所不敢為。

1塊錢都能逼死一條英雄好漢了，更何況一個孩子？

如果孩子生長在富貴的家庭，
要教孩子禮儀，
你要讓孩子忘記富貴，
因為他並不活在均富的理想裡，
他的世界，富貴能吃人。

既然錢財權勢高人家一尺了，氣焰如何不高人家一丈？
既然氣焰都高人家一丈了，禮儀如何不少人家百仞？

氣焰一高目中都無人了，
禮儀當然就要更加謙卑學習，
這樣他才能一輩子，有守有為。

要教育他禮儀，就要多警惕、多訓練，
不懂得悲天憫人，就會對人不敬重，惹禍招殃，
任由他棄禮守富，可能由富成貪，走向敗亡。
有一天，他也就會實驗給你看──富不過三代。
而這，是你們人生合作的結果。

有點閒錢的你，都會忍不住自我感覺良好了，
含著金湯匙出生的孩子，如何心不高氣不傲？

現實的條件，你或許難以改變，
豪華的住所，
精緻的飲食，
高貴的生活條件，
如果孩子不以為傲，
他的心就會謙卑，
心一謙卑，就能謹慎，
能謹慎，知所進退就能言行合宜。
否則，你就是教出一代的霸主。
看見家裡的傲，他沾沾自喜，
看見外面的傲，他才不管天有沒有眼，他只在乎地有沒有
皮。

一個土財主都能當起土皇帝了，更何況一個孩子？

孩子可能生長在不同的貧賤富貴，
貧，求其樂，
富，求其禮，
家庭的規矩，要因時制宜。

你有錢沒錢，沒有差別。
一樣過一生。

差別在哪？
差別在下一代身上。

家庭有規矩沒規矩，沒有差別，
一樣過一生。

差別在哪？
差別在下一代身上。

一輩子用多少錢

到底，我們一輩子要用多少錢呢？

有人說如果30而立，加上配偶、小孩的費用，孩子的養育費、父母孝親費、夫妻退休後的生活費，最少最少，也要3000萬，以他活到80歲來算的話。

你說你頭好痛，做不到。那就做最壞最壞的打算，省一點再省一點。

最省的，就是吃自己。晚餐自行料理就可以同時準備隔天的午餐，不僅省了荷包還多了健康，回家煮飯還連帶省下下班後不必要的交際費。要是大概在早上11點半以後才上市場買菜，議價空間還更大呢。

購物之前勤比價，網路購物平台讓價錢透明，更別提合購、團購號召群眾力量殺價，還有以物易物的平台，讓你省錢還環保利用。當然沒有必要的治裝費雜七雜八的消費等，務必三思後行。

出門樂當捷運族或公車族，自然不用煩惱停車位、汽車稅、保養成本等問題。想充電可以到圖書館、看報紙雜誌也可以到銀行、縣市政府或公家單位，廢紙可以當筆記本，出門自己帶水壺，運動可以到公園走路、跑步，不花健身費，身體好又可以省下醫藥費。

所以他，33歲，都市白領專業經理人。每月只花4500元，31歲買第一棟房。

所以她，普通上班族，一個月只需2500元的基本開銷，還因精省啟發了其他的樂趣。

所以他，SOHO族，一個月4000元，還可以看電影、看表演、看展覽，過精緻的生活。是《貧窮男SMART SHOPPING》的作者。

所以她，小氣有理，創意無限，不但可以開發生活資源，還能做到一個月只花3000元就能輕鬆生活。

所以他，一家三口，一個月花費不超過10000元。省下來的錢，還能讓他們全家每年出國旅遊1～2次呢。

當然，他們是達人。你這麼想。

問題在於，錢多，不表示你就有辦法存錢。

英國男子8年敗光1億台幣。
他買豪宅、名車、珠寶、名牌服裝。
喝頂級香檳、舉辦派對、邀名人同歡、奢華旅遊。
一圓夢想、不斷投資。

沒有錢，是萬萬不能。
有錢，看來也不是萬能的。

人生的開銷其實是有限的，
對開銷的慾望卻是無限的。

如果做最壞的打算，就用錢省一點，學他們一個月開銷3、4000元。
如果做最好的規劃，就把省下來的錢，用在最有意義的事情上。

如果一個月就是花這樣的錢，那我們這輩子幹嘛煩惱無底洞的開銷像天要塌下來？

煩惱得吃不好、睡不好、家庭氣氛不好，沒時間陪小孩，沒有心力教育小孩，連夫妻一見面就像相欠債？

你說煩惱活著的時候眼睛一睜開就要用錢，
最壞最壞就是省著點花，達人都告訴你這樣能過下去了，
沒問題。錢的問題可以爾爾，幹什麼搞得自己前程四緊：
手頭緊、眉頭緊、時間緊、關係緊，這麼恐慌？
你說煩惱要是自己死了怎麼辦，
你都掛了，還花什麼錢？其他活著的人的錢的問題，那不是同上嗎？

世界上沒有任何的成功，能夠彌補家庭的失敗，
所以別再拿錢的問題，解釋你家庭的動盪與不安。

我們總是做著最好的打算，所以只能執行著最壞的規劃。

・一輩子用多少錢・

動

我們運動，
可能是打網球、打排球、騎腳踏車、練瑜珈、皮拉提斯、
有氧舞蹈、打籃球、游泳、跑步、國標舞等，
運動的過程，有點痛苦，
喘不過氣、身體不協調、筋骨不開、莫名無力、狀態不
佳，甚至看到自己遙遙落後、背腹受敵、錯誤百出，有時
候還有競爭的壓力、觀眾的視線，
吼累得快沒命的時候，
你一度懷疑有必要這樣自虐嗎？

運動一結束，你覺得值得，
因為你的身體得到休息，你的心情感覺平靜。

動，幫助你找到靜。
甚至在動中，你慢慢發現靜的力量，比動還重要。
它幫助你覺察、判斷所有的動，
靜，協助你專注、隔絕外在的雜音，引發你更強大的動
能。
當你，慢慢學到動靜之間，像水。

我們求學、工作、找對象、結婚、生子、退休、養老，重
疊著下一代的交接，求學、工作、找對象、結婚、生子、
退休、養老，再重疊著下一代的。

我們的人生，就是一條動線，
每一個階段就像一場運動，

這樣的動，也應該走向靜的終點。

所以我們努力求學，以為找到工作，就會平靜。
所以我們努力工作，以為找到對象，就會平靜。
所以我們期待結婚，以為結婚了，就會平靜。
所以我們期待生子，以為生子，就會平靜。
所以我們期待退休，以為退休，就會平靜。
所以我們期待養老，以為養老，就會平靜。

我們都以為，每一個階段的追求，會得到下一個階段的平
靜。
特別是我們那麼奮力、跟蹌地前進。

但是我們都沒得到我們要的穩定與平靜，
我們非常失望，感覺非常不幸。
不應該是這樣的，我們這麼努力的動，不應該得到靜嗎？

一次的汗流浹背並不足以讓我們健康一輩子，
一次的心情穩定與寧靜也不能夠釋放我們一輩子的壓力。

沒有人會質疑我們必須不斷、不斷的運動，
才能一次又一次得到身心的平衡與放鬆。
但是對於人生一次又一次的追求，
才能一點一滴克服階段性的波折與不安，
我們會指著老天爺的鼻子大罵，
是不是不長眼睛？

更別說我們並不明白靜的力量可以幫助我們人生的動線更
加流暢，

動

不論求學、工作、找對象、結婚、生子、退休、養老，我
們從家庭出發。
我們有一個靜的場域，
卻從不善用，
我們拼命擺動向前，
卻從不明白，找到靜，
你才能似水，莫之能勝。

理論

美國50年代雜誌《主婦》，有一篇賢妻守則：

一、先生下班進門前，巡視家裡，收拾所有的雜物。

二、家裡的溫度是否舒適，冰箱裡是否有洗淨切好的水果
　　等，隨時注意家庭的溫暖與舒服。

三、讓孩子們處於最佳狀態，是不是需要把手、臉洗乾
　　淨，是不是該換件衣服。

四、每天花上15分鐘把自己重新打扮一下。略施脂粉，把
　　頭髮紮起來。不要面有菜色。

五、提前一天規劃菜色，先生一進門，晚餐能準備就位。
　　至少有三兩樣先生喜愛的小菜。每個下班回家的男人
　　都是飢腸轆轆。

六、耐心聽先生講話，哪怕妳有一百件重要的事情要對他
　　說，也讓他先把話說完。

七、先生在外面有應酬回家遲了，絕對不抱怨。忘掉那些
　　妳想跟，但是他不帶妳一起出席的聚會。

八、先生辦公室新請了一位年輕漂亮的女祕書時，要把
　　十二萬分的關切留在心裡。

九、當先生抱怨上班又累又無聊，妳的一大職責是Cheer
　　him up。讓他明確無誤地聽到、看到、感受到，他疲憊
　　無止盡的生活是有意義的。

十、先生輕鬆時，不提及孩子考試不及格，賬單到期，親
　　人生病等不愉快的家庭瑣事。

十一、關心先生的健康，懂得養生之道和基本醫學常識。

十二、周末的安排事先聽取先生的意見，出遊之前做好一
　　　切準備。

十三、一個安詳、和諧、溫馨的家，才能讓先生身心得到
　　　充分的休息，隔天一早高高興興地出門，面對新的
　　　一天的挑戰。

當賢妻，大同小異，
當良母，可是百家爭鳴。

有
教出在鋼琴和小提琴上面頗有造詣的耶魯法學院教授的虎
媽哲學，
把四個孩子三個打進北大的狼爸教育，
強調學校成績、才藝學習都比不上道德教育重要的《不當
老虎也可以是好媽媽》，
也有教你千萬別像不定時炸彈般亂發脾氣的《32種小孩最
討厭的媽媽》，
還有認為自己不帶孩子就是瀆職的《好媽媽勝過好老
師》。
還有告訴你為什麼猶太媽媽這樣教出守信用、能分享、會
理財、獨立思考的好孩子？
以及德國媽媽這樣教出堅強、獨立、寬容、節約好孩子！
和人際關係訓練專家黑幼龍出版的慢養哲學系列。

我們有這麼多專家的理論，教我們怎麼當一個賢妻，當一
名良母。
但是，它只佔一分。

人生的成功，
是一分的理論，
九十九分的練習。

我們空有理論，
卻，懶得練習。

更別提，
光套理論可能Size不合，
練半套，還是沒效，
東練一套西練一套？像鼯鼠五技而窮，能飛能爬能游能穴
能走，樣樣通，樣樣鬆，
再好的理論，都可能練錯了，
不練但求無災無難、幸福到老？
這真是史上最不靠譜的理論了。

攻城

賭博的人，
不相信這個世界上有攻不破的城。
所以就算十賭九輸，
每一次揮兵城下，
他說他有感覺，
這一次，十拿九穩。

要把上一次輸的，翻本，
要把上一次贏的，翻倍。

明明客觀機率都說，
輸多贏少哪，
他還是眉飛色舞地告訴你，
千算萬算，乾坤在望。
此城不破，誓不罷休。

你覺得這種不見棺材不掉淚的人，
有病。

他已婚，愛上下屬，說會為了她離婚，卻又結紮允諾妻
子，說好一世夫妻。
他娶了知名部落客，分隔兩地沒有讓他們分離，但是七年
之癢他還是靠了過去。
他有小三，還有小四，她說她很心碎堅持離婚，訴訟期間
還來了一個小五。
她努力一輩子抱走奧斯卡小金人，但是別人二話不說領走

她的枕邊人。

她破了財但抓了姦，說她選擇原諒，不過老公說，Sorry我無法跟妳破鏡重圓。

他，旅美球星，說他對不起，在復建的低潮期，愛上了別人。

她說她為了維繫婚姻，只好隱忍他不斷外遇，他對檢察官說他，不記得了。

女人，
不相信男人是一座攻不破的城。
無論旁人警不警告，
也不管別人看不看好，
當Fall in love，
她說她有感覺，
真愛，無敵。

過去，已成雲煙，
現在與未來，收城納地。
明明男人自己都說了，
我犯了天底下的男人會犯的錯！
妳還是信心滿滿地相信，
他是這麼一個人——
可以執手，可以偕老。
所以發誓，
直到夏雨雪，天地合，
乃敢與君絕！

愛情和婚姻，
是一座圍城，

城裡的人，想逃出去，
城外的人，想衝進來。

圍城和賭城一樣，
進來之前，
滿懷希望，
出去的時候，
多是全身癱瘓的。

女人哪，
不到黃河心不死，
所以，
也病得不輕。

種子

開花，結果，結種子，
條件適合的話，
沉睡3000年的種子，也能開花結果。
要是沒有條件，
就是撒了數十萬個種子，也可能培植失敗。

北宋范仲淹，在家鄉設置義莊與義田，明文規定族人獲得
資助的權利與義務，賞罰分明，勿使有寒餒之憂，廢壞者
遂使無依。接著又設立義學，免費教育族中子弟。范氏家
族，800年不衰。

英國愛德華家族，現今已經傳到第八代。注重教育，以做
人處事須嚴謹勤勉為訓。後代子孫有13位當過大學校長，
100多位教授，80多位文學家，60位醫生，1人當過大使，
20位當過議員。

他們的家庭，開花，結果，處處生機。

英國的珠克家族，至今傳了五代，以渾渾噩噩、無所事事
出名。其子孫後代中，有300多人當過乞丐，半數女性為
娼，400人因為酗酒至殘或死亡，130個刑事犯，60人犯過
詐欺或盜竊罪，7個殺人犯。

美國Kallilak家族的後裔中，有143人能力不足，33人是娼
妓，24人嗜酒，3個重刑犯，3人開妓女戶，還有多位夭
折。

他們的家庭，開花，結果，個個死棋。

家庭安定有秩序，
向下扎根，再容易不過，
家庭混亂沒規矩，
向上長高，是痴人說夢。

妳說有了家，
持家將是妳一生最美麗的奉獻。
妳說有了家，
顧家將是妳一生最名正言順的甜蜜負擔。

妳開花，
有了家，
妳結果，
有了家，
妳撒下種子，
有了家。

妳知道春風很美，
所以惦念著春風再吹，

妳知道花開很美，
所以等待著來年花開。

種子的開花結果呢？
妳說妳可是有一輩子的時間照護呢，
那可是大把大把的時間，
來得及的。

對比800年，
妳的一生，
是沒有時間浪費的。

妳來不及計算，
種子，紛紛。

妳知道種子要養分，
所以奮力著滋潤著它，

妳知道種子等待發芽，
所以細心地守護著它。

種子的開花結果呢？
妳說妳用盡一生的時間與力氣，
那可是數不盡說不完的血淚哪，
眼前卻空空如也。

對比800年，
妳的一生，
不曾微不足道。

妳只是來不及看見，
種子的，未來。

．種子．

183

後記

每個女人，心中住著一個小女孩。
不論她是十八，或是八十。

十八的她以為她到了八十，
就會明白人生，是怎麼一回事。

八十的她，看著自己千瘡百孔的人生，
淚眼迷濛，其實還是看不明白。
十八的她，看著別人千瘡百孔的人生，
臨風顧盼，也沒有料想這就是她人生的複製。

她們的人生，看似如人飲水，
卻嚐著相似的冷暖。

小女孩以為她僅僅許一個人生最平凡的願望，
沒想到她的願望關乎人世間最偉大的平凡，
　　　　　　　　　　　與最不經意的毀滅。

小女孩的故事，有妳我的影子，
小女孩的故事，不曾停止。

老夫人的故事

― 驚濤駭浪？和睦繁榮？

黃伊君／著　　定價／320元

家要能正常運作，靠的是男人女人的通力合作。
男人頂天立地護家、女人用愛與關懷持家。
一不小心，女人把壓制當理家，
男人一不順心，家就歪了。

家庭要驚濤駭浪還是和睦繁榮？
老夫人的故事告訴你。

無法無天

無法想像的人世間

黃伊君／著　　定價／99元

世界上千奇百怪宗教這麼多，到底該信哪一個？
都好！只要你想要有點好運，沒有災禍，
贖點罪過，積點功德……
通通都歡迎！
但功效？
噓！宗教不是讓你拿來懷疑的……

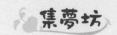

小女孩的故事
──女人啟示錄

出版者●集夢坊

作者●黃伊君

印行者●華文聯合出版平台

出版總監●歐綾纖

副總編輯●陳雅貞

責任編輯●黃曉鈴

美術設計●吳吉昌

排版●陳曉觀

國家圖書館出版品預行編目資料

小女孩的故事──女人啟示錄／黃伊君 著
-- 初版. -- 新北市：集夢坊，民102.08
　　　面；　　公分
ISBN 978-986-89073-5-5（精裝）
1. 兩性關係　2. 家庭教育　3. 心靈勵志

544.707　　　　　　　　　　　　102012458

台灣出版中心●新北市中和區中山路2段366巷10號10樓

電話●(02)2248-7896　　　　　傳真●(02)2248-7758

ISBN●978-986-89073-5-5

出版日期●2013年8月初版

郵撥帳號●50017206采舍國際有限公司（郵撥購買，請另付一成郵資）

全球華文國際市場總代理●采舍國際 www.silkbook.com

地址●新北市中和區中山路2段366巷10號3樓

電話●(02)8245-8786　　　　　傳真●(02)8245-8718

全系列書系永久陳列展示中心

新絲路書店●新北市中和區中山路2段366巷10號10樓　　　電話●(02)8245-9896

新絲路網路書店●www.silkbook.com

華文網網路書店●www.book4u.com.tw

跨視界‧雲閱讀 新絲路電子書城 全文免費下載　新‧絲‧路‧網‧路‧書‧店 silkbook○com